18
Abnormal Psychology

충동통제 장애

도상금 · 박현주 지음

_ 참을 수 없는 어리석음

학지사

'이상심리학 시리즈'를 내며

21세기를 살아가는 우리는 급격한 변화와 치열한 경쟁으로 이루어진 현대사회에 적응해야 하는 커다란 심리적 부담을 안고 있다. 이러한 현실 속에서 현대인은 여러 가지 심리적 문제와 장애에 직면하게 될 가능성이 높다.

정신건강에 대한 사회적 관심이 증대되면서, 이상심리나 정신장애에 대해서 좀 더 정확하고 체계적인 지식을 접하고자 하는 사람들이 늘어나고 있다. 그러나 막상 전문서적을 접하게 되면, 난해한 용어와 복잡한 체계로 인해 쉽게 이해하기 어려운 것이 현실이다.

이번에 기획한 '이상심리학 시리즈'는 그동안 소수의 전문가에 의해 독점되다시피 한 이상심리학에 대한 지식을 일반 독자들에게 소개하기 위한 것이다. 이를 위해서 다양한 정신장애에 대한 최신의 연구 내용을 가능한 한 쉽게 풀어서 소개하려고 노력하였다.

'이상심리학 시리즈'는 서울대학교 심리학과 임상 · 상담 심리학 교실의 구성원이 주축이 되어 지난 2년간 기울인 노력의 결실이다. 그동안 까다로운 편집 지침에 따라 집필에 전념해준 집필자 모두에게 감사드린다. 아울러 어려운 출판 여건에도 불구하고 출간을 지원해주신 학지사 김진환 사장님과 한 권 한 권마다 좋은 책이 될 수 있도록 성심성의껏 편집을 해주신 편집부 여러분에게 고마움을 표한다.

인간의 마음은 오묘하여 때로는 "아는 게 병"이 될 수 있다. 그러나 이러한 우려보다는 "아는 게 힘"이 되어 보다 성숙하고 자유로운 삶을 이루어나갈 수 있는 독자 여러분의 지혜로움을 믿으면서, '이상심리학 시리즈'를 세상에 내놓는다.

서울대학교 심리학과 교수

원호택, 권석만

2판 머리말

말을 안 듣고 반항적인 아이들, 비행청소년, 걸핏하면 화를 폭발하는 사람들…. 이 밖에도 우리는 분노를 조절하지 못해 일어나는 수많은 사건 사고를 매일 접하게 된다. 자기에게는 별로 쓸모 있는 물건도 아니고, 또 돈을 가지고 있으면서도 물건을 훔치곤 하는 사람들이 있다. 또 어떤 사람은 갑자기 불을 지르고 싶어지고, 이를 참으려고 하면 불안하고 초조해져서 결국 불을 지르고서야 편안함을 느끼게 된다. 이런 행동은 스스로도 괴로울 수 있지만 무엇보다 다른 사람에게 피해를 주게 된다. 하지 말아야겠다고 굳게 결심하고 다짐해보지만 이러한 충동적인 행동은 계속 반복된다.

이처럼 충동이 갑자기 일어나면서 긴장감과 불안감이 높아지고 충동에 따라 행동을 하고 나서야 긴장이 풀리는 사람들, 그리고 충동적으로 행동하고는 자신의 행동에 대해 괴로워하는 사람들이 있다. 바로 이것이 이 책에서 소개하고자 하는 충동통제 장애의 특징이다. 사실 자기를 조절하는 문제는 우리의 일상생활에 있어 누구에게나 꼭 필요한 주제이므로, 이 책에서는 이와 관련해 자신에게 응용해볼 만한 심리학적 기법들도 소개하였다.

이 책을 쓰는 과정에서 저자들은 충동통제 장애와 관련한 여러 저서와 연구논문을 참고하였다. 그러나 충동통제 장애는 그다지 흔하게 나타나는 장애가 아니어서 이에 대한 연구도 다소 부족한 상태였기 때문에 많은 주제를 충분히 다루지 못한 것이 아쉬움으로 남는다. 한편으로 저자들의 부족한 지식으로 인해서 내용이 상당히 제한적이고 때로 잘못되거나 부정확한 부분도 있으리라 생각된다. 독자 여러분의 따가운 질책과 조언을 부탁드린다.

끝으로, 오랫동안 기다려 책을 만들어주신 학지사와 불가능해보였던 이 책이 나오기까지 격려와 조언을 아끼지 않았던 선후배 동학, 그리고 사랑하는 가족 모두에게 깊은 감사를 드린다. 이들이 없었다면 이 책은 빛을 보기 어려웠을 것이다.

2016년

도상금, 박현주

차 례

충동통제 장애란
무엇인가

1. 충동통제 장애의 역사

 1999년 4월 20일, 미국 덴버 시의 한 고등학교에서 이 학교에 재학 중인 두 학생의 총기 난사 사건이 전 세계를 경악시켰다. 이들은 마구잡이로 총을 휘둘렀고 학우들을 죽이고 살리는 것을 제멋대로 하며 승리감에 취하였다. 이날 사고로 학생 12명과 교사 1명이 사망했으며, 범인들의 자살로 이 끔찍한 유혈사태는 막을 내렸다.

 이 사건에서 놀라운 점은 이 학생들이 살인마가 될 거라고 상상할 만한 어떤 특별한 점을 찾아볼 수 없었다는 것이다. 이들은 유복한 가정에서 자란 똑똑한 아이들이었고, 남의 차에서 전자장치를 훔치다 들켜 교화교육을 받기도 했지만 담당 경찰관은 이들을 "잠재력이 크고 장래가 촉망되는 명석한 학생들"이라고 평가했다. 미국은 이 사건의 책임 소재로 들끓었다. 이들은 폭력적인 영화와 잔인한 비디오 게임을 즐겼다고 한다. 그렇다면 책임을 첨단 기술 문화의 산물로 돌릴 수 있는가? 총기 구입과 폭탄 제조가 용이한 사회적 허점, 가정문제, 친구들에 의한 따돌림 등 복합적인 원인이 이 비극의 뿌리에 있을 수 있다. 이 책의 초판이 나올 즈음 일어난 이 사건은 당시 매우 놀라운 것이었으나, 요즈음 소위 '묻지마 범죄'가 자주 횡횡하여 사회는 이러한 사고에 둔감해지고 있는 실정이다.

이러한 충동성은 어디에서 기인하는가? 정서 및 행동에 있어 자기조절 문제는 여러 심리장애에서 나타날 수 있지만, 『정신장애의 진단 및 통계 편람 제5판Diagnostic and Statistical Manual of Mental Disorders: DSM-5』의 파괴적, 충동통제 및 품행장애는 다른 사람의 권리를 침해하는 것이나 사회적 규준과 권위자 및 성인과 현저한 갈등을 유발하는 행동을 보이는 것이 특징이다.

파괴적, 충동통제 및 품행장애는 적대적 반항장애oppositional defiant disorder, 간헐적 폭발성 장애intermittent explosive disorder, 품행장애conduct disorder, 반사회성 성격장애antisocial disorder, 방화증pyromania, 도벽증kleptomania 등으로 나뉜다.

이전 『정신장애의 진단 및 통계 편람 제4판Diagnostic and Statistical Manual of Mental Disorders: DSM-IV』에서 충동통제 장애에는 도박광pathological gambling, 발모광trichotillomania 등이 포함되어 자

기 자신이나 다른 사람에게 피해를 주는 행동을 하려는 충동을 억제하지 못하는 것으로 넓게 정의되었다. 하지만 이번 DSM-5에서는 다른 사람의 권리를 침해하거나 사회적 규준과 갈등을 일으키는 외현화 행동에 초점을 맞추었다.

이들은 부정적인 감정을 통제하거나 억압하기 어렵고 규제를 참지 못한다. 다른 사람에게 피해를 준다는 것을 알면서도 그 행동을 하려고 하는 충동이나 유혹을 스스로 견뎌내지 못하고 그 행동을 하게 된다. 또한, 대개 이런 행동을 한 직후에 으레 있을 법한 후회나 자신에 대한 책망 같은 것이 없고, 있더라도 마음에서 우러나오지 않는다. 오히려 충동을 행동으로 옮기는 것이 그 사람이 그 순간 하고자 하는 바람이나 소망과 일치하며, 그것을 만족시키는 자아동조적ego-syntonic인 것이다.

그렇다면 이와 같은 충동통제 장애의 개념은 언제부터 생겼을까?

충동통제 장애라는 개념이 제기된 것은 여러 심리장애 중에서도 비교적 최근에 이루어진 일이라고 할 수 있다. 19세기에 들어서면서부터 여러 연구자와 학자가 나름대로 다양한 명칭을 사용하여 충동통제 장애의 개념을 제기하고 기술하였다. 1816년 매티Matthey는 자신에게 필요하지도 않은 쓸모없는 물건을 훔치려는 충동을 억제하지 못하는 것에 대해 지금의 도벽증에 해당하는 '클로페마니klopemanie'라는 이름을 붙였다. 1820년 메켈Meckel은 충동적으로 불을 지르는 행동에 대해서 '충동적 방화impulsive incendiarism'라는 이름을 붙였고, 1833년 프랑스 학자 앙리 마크Henri Marc가 '퓌로마니pyromania'라는 용어를 처음 사용했다.

한편, 에스퀴롤Esquirol은 억제할 수 없는 충동에 의해서 자신이 하고 싶지 않은 행동을 하는 상태를 '편집광monomanias'이라고 하였다. 에스퀴롤의 편집광이라는 개념은 억제할 수 없는 충동으로 인한 광범위한 장애를 최초로 제안한 것이며, 현재의 충동통제 장애 범주와 비슷한 개념이라고 할 수 있다. 에스퀴롤은 방화, 알코올중독, 충동적 자살, 도벽증 등이 편집광에 해당된다고 하였으며, 편집광의 특징으로 자신의 의지로 이러한 충동에 저항할 수 없고 통제할 수 없으며, 이와 같은 충동이 자발적으로 일어난 것이 아님을 강조했다. 에스퀴롤은 편집광에 대해 다음과 같이 기술했다.

…이와 같은 상태에 빠진 환자는 자신의 이성으로도, 또 감정으로도 도저히 이해할 수 없는 행동을 하게 된다. 이는 자신의 양심이 허락하지 않지만 자신의 의지력으로는 통제할 수 없는 행동이다. 이와 같은 행동은 자발적인 것이 아니며, 본능적이고, 자신의 의지력으로 억제할 수 없다.

…이와 같은 억제할 수 없는 충동으로 인한 상태는 매우 격렬한 모습을 보인다. 이런 상태에 빠진 환자는 자신의 충동에 이끌려서 하면 안 된다고 생각하는 행동을 하게 된다. 그들은 자신의 행동이 잘못된 것임을 누구보다도 잘 알고 있다. 그들은 다른 보통 사람들과 마찬가지로 자신의 행동에 대해서 아주 정확하게 설명할 수 있으며 이성적인 판단을 내릴 수도 있다. 또한 자신이 그런 행동을 한다면 이를 후회할 것이라는 것을 잘 알고 있으며, 자신의 충동을 억누르고 통제하기 위해 노력하게 된다. 그리고 이와 같은 노력으로 인해서 어느 정도 충동을 누그러뜨릴 수 있게 된다.

그러나 이러한 노력은 그리 오래 가지 못한다. 자신의 충동을 어느 정도 누그러뜨린 지 얼마 지나지 않아서 일종의 '발작'이라고 할 수 있는 상태가 일어나게 된다. 결국 그들은 자신의 충동에 굴복하게 되고 자신이 억눌러왔던 행동을 하게 된다. 이와 같은 상태에 다다르게 되면 더 이상 이성의 힘으로 통제할 수 없게 된다. 곧 그들은 자신의 충동에 휘둘리고 자신의 충동이 지시하는 행동만을 하게 된다(Esquirol, 1938).

20세기 초에 들어와서 크레펠린Kraepelin과 블로일러Bleuler도 충동통제 장애의 상태에 대해서 설명하고자 하였다. 크레펠린은 '병리적 충동pathological impulse'(1915), 블로일러는 '반응성 충동reactive impulse'(1924)이라는 명칭을 사용했다. 이들은 충동통제 장애를 보다 광범위하게 보고 여러 가지 다양한 상태를 포함시킴으로써 충동통제 장애의 범위를 더욱 확장시켰다. 이들은 충동통제 장애 상태의 예로 방화증, 도벽증, 쇼핑광oniomania, 수집광, 모든 사람에게 선물을 주는 충동, 모르는 사람에게 편지 쓰기 등을 들었다.

크레펠린은 쇼핑광의 증상을 보이는 한 여성을 예로 들었다. 그녀가 쇼핑을 하고자 하는 충동을 느끼는 동기는 위험, 근심, 흥분과 같은 정서 상태에 휩쓸리기 때문이며, 그녀의 쇼핑 행동은 도박행동과 비슷한 양상을 많이 나타냈다고 한다. 크레펠린과 블로일러 모두 이와 같은 충동통제 장애 상태에서 충동성이 가장 중요하다고 보았다. 블로일러가 쇼핑광에 대해 설명한 것을 보자.

　　충동통제 장애에서 가장 중요한 요인은 충동성이다. 그들은 그와 같은 자신의 충동에 대해서 도무지 "어떻게 할 수가 없다." 뛰어난 머리와 좋은 학벌에도 불구하고, 이들은 자신의 충동적인 행동을 다른 각도에서 파악할 생각을 하지 못하고 자신의 충동적인 행동이 가져오게 될 결과나, 또는 그와 같은 행동을 하지 않는 것에 대해서 이성적이고 합리적으로 생각하지 못한다. 그들은 마치 송충이가 나뭇잎을 먹어치우는 것과 같이 본능적으로 충동적인 행동을 하게 된다.

크레펠린과 블로일러는 또한 충동의 통제할 수 없는 속성을 강조하면서 이런 장애들이 강박적인 특징을 보임을 강조한다. 즉, 이와 같은 충동은 불안, 긴장, 그리고 다른 부정적이거나 불쾌한 감정과 관련되어 있다.

프로쉬와 워티스(Frosch & Wortis, 1954)는 충동성이 구체적인 증상 장해로 구성되는지, 또는 만성적 성격장애인지에 따라서 충동통제 장애를 2가지 유형으로 구분했다. 충동성이 구체적인 증상 장해로 구성되는 첫 번째 유형은 충동 신경증impulse neurosis으로 정의되며, 서로 구별되고 반복적으로 나타나는 충동적 행동예: 방화광, 절도광, 중독 행동, 성도착증, 반복되지 않는 폭력행동catathymic crisis이 이에 해당한다. 충동성을 만성적 성격장애로 보는 두 번째 유형의 특징은 개인의 성격과 행동 전체에 퍼져 있는 확산적이고 특정되지 않은 충동성이다. 이 유형에는 3가지 하위집단이 있는데, 기질적 증상organic syndrome, 정신병질적 성격psychopathic personality, 신경증적 성격장애neurotic character disorder가 그것이다.

그들에 따르면 충동은 어떤 행동을 하려는 추동drive의 갑작스럽고 즉각적인 폭발로, 대개 순간적이고 신중함이 결여되

어 있으며, 병적인 충동은 본래의 충동이 약간 왜곡된 것으로
서 극단적인 긴장 상태에서 저항할 수 없는 것이 특징이라고
하였다. 여기서 충동은 강박적 증상과 구별된다. 강박장애에
서 강박적 충동은 그 사람이 불편하게 느끼는 자아이질적인
충동인 데 반해, 충동장애의 특징은 자아동조적이다. 따라서
충동장애에서의 충동은 마음의 순간적인 목표와 완전히 또는
부분적으로 일치하며, 충동을 표현하는 순간에는 기쁨을 느
끼게 하는 요소가 된다.

이와 같이 광범위한 역사적 문헌에도 불구하고 충동통제
장애는 DSM-Ⅲ에 이르러서야 하나의 정신장애로 인정받았
다. 충동통제 장애의 주요 특징은 '자기 자신이나 다른 사람
에게 해로운 어떤 행동을 하고자 하는 충동이나 추동 또는 유
혹을 이겨내지 못하는 것'이다. 대부분의 충동통제 장애가 있
는 사람은 그 행동을 저지르기 전에는 긴장감이 높아지다가
그 행동을 할 때에는 즐거움과 만족감 또는 안도감을 느낀다
고 한다. 행동을 하고 난 다음에는 후회나 자기비난, 죄책감을
느낄 수도 있지만 느끼지 않을 수도 있다.

DSM-Ⅲ에서는 '달리 분류되지 않는 충동통제 장애'에 병
리적 도박, 도벽증, 방화증, 간헐적 폭발성 장애, 단독 폭발장
애, 비전형적 충동통제 장애를 포함시켰다. DSM-Ⅲ-R과
DSM-Ⅳ에서는 여기에 발모광을 추가하고 단독 폭발장애를

제외시켰다. 또한 이 장애에 추가될 수 있는 장애로는 강박적 쇼핑 또는 쇼핑광, 성적 강박 또는 변태적이지 않은 성적 중독인 강박적 성적 행동, 얼굴이나 살을 계속 꼬집는 행동, 심각한 손톱 물어뜯기onychophagia, 몇몇 자해행동, 폭식 등이 있다. DSM-IV에서 충동통제 장애로 기술하지는 않았지만 알코올과 향정신성 물질사용 장애, 변태성욕과 반사회성 성격장애 등도 충동통제 장애의 한 예가 될 수 있다.

　DSM-IV에서 간헐적 폭발성 장애, 병리적 도박, 발모광의 진단기준은 약간 수정되었지만, 충동통제 장애의 정의나 분류에는 큰 변화가 없었다. 충동통제 장애의 개별적인 조건 각각이 하나의 장애로 분류된 이유가 명확하지 않다는 비판이 있었다. 병리적 도박, 방화증, 알코올 또는 향정신성 약물사용 장애의 경우 이런 증상을 보이는 사람 중 일부는 억제할 수 없는 충동을 경험하지 않기 때문이다. 한편, 충동통제 장애에 대한 진단기준이 너무 협소하다고 보는 연구자들은 억제할 수 없는 충동이나 문제가 되는 충동적 행동을 보이는 모든 장애가 충동통제 장애에 포함되어야 한다고 주장하기도 했다. 이렇게 본다면 폭식, 변태성욕, 알코올중독, 약물중독, 자해행동, 충동적 성격장애, 강박장애 등도 충동통제 장애에 해당된다.

　DSM-5에서는 '파괴적, 충동통제 및 품행장애'라는 장애 범주로 묶여서 정서 및 행동에 대한 자기통제 문제를 나타내는 장애를 포함하고 있다. 이에 따라 충동통제 장애는 좀 더 충동을 외현화하는 장애가 주축이 되었다. 여기서 하위장애 유형의 이동이 있는데, DSM-IV의 충동통제 장애의 하위장애였던 도박광은 물질관련 및 중독 장애의 비물질관련장애로, 발모광은 강박장애로 옮겨졌다. 그리고 적대적 반항장애, 품행장애, 반사회성 성격장애가 포함되면서, 특히 DSM-5에서는 다른 사람의 권리를 침해하거나 사회적 규범을 위반하는 부적응행동이 여기에 포함되었다.

　품행장애는 DSM-I에서는 성인에게 있어 사회병리적 성격장애sociopathic personality disturbance의 하위유형인 반사회적 반응antisocial reaction이라고 진단되었고, DSM-II에서는 아동 또는 청소년의 비사회화 공격적 반응이라고 진단되었다. DSM-III에 들어서 비로소 품행장애라는 진단이 생겼고 이 진단명이 지금까지 사용되고 있다. ◆

2. 충동통제 장애의 유병률

충동통제 장애는 다른 정신장애에 비해 매우 드문 것으로 보고되고 있다. 충동통제가 어려운 문제는 어린 시절부터 시작되어 대개 청소년기에 장애로 진단되는 경우가 많다. 적대적 반항장애나 품행장애는 일상생활에서 흔히 나타나는 행동이고, 충동적 공격행동, 방화, 절도도 범법자에게서 흔히 볼 수 있는 행동이지만, 대부분의 연구는 억제할 수 없는 충동에 의해 일어나는 이와 같은 행동의 비율을 체계적으로 측정하지 못하고 있다. 미국의 경우 간헐적 폭발성 장애를 보이는 사람은 전체 인구의 약 4~7%에 해당하는 것으로 보고 있다(Coccaro, Schmidt, Samuels, & Nestadt, 2004). 협의로 정의할 때 간헐적 폭발성 장애의 1년 유병률은 2.7%라고 한다. 간헐적 폭발성 장애의 평균 발병 연령은 14세로 다른 정신과적 장애에 비해 이른 편이다(Kessler et al., 2006). 최근 일반 대학생을 대상으로 한 연구에서 10%는 일생에서 적어도 한 번은 충동통제 장애에 해당되는 것으로 나타났다(Schreiber, Odlang, & Grant, 2011).

DSM-5에 따르면, 적대적 반항장애의 유병률은 1~11%이고, 평균 유병률은 약 3.3%로 추정된다. 품행장애도 2~10%의 범위로 추정된다. 미국의 경우 방화의 평생 유병률은 1%로 조사되었다(Vaughn et al., 2010). 그러나 이 비율은 방화만 가지고 본 것이고, 방화증의 유병률에 대해서는 알려진 바가 없다. 반복적인 방화로 형사처벌을 받은 사람 중에서 오직 3.3~14%만 방화증의 진단기준에 해당됐다. 도벽증은 상점에서 물건을 훔치는 행위로 체포된 사람 중 4~24%에서 나타난다. 일반 표본에서의 유병률은 0.3~0.6%로 매우 드물다.

충동통제 장애의 일반적인 유병률에 대한 체계적인 자료는 아직 부족한 실정인데, 여러 가지 면에서 볼 때 충동통제 장애의 유병률은 실제로 그렇게 낮지 않을 수 있다. 그 근거로는 일반 모집에서 충동통제 장애의 유병률이 체계적으로 조사되지 않았다는 점을 들 수 있다. 또 충동통제 장애는 충동, 긴장, 안도감과 항상 관련되는 것은 아닐 수 있으며, 따라서 현재의 진단기준이 너무 제한된 기준을 적용하는 것일 수 있다. 충동통제 장애가 드문 것은 이들이 자신의 증상을 숨기려고 하기 때문일 수도 있다. 따라서 간헐적 폭발성 장애, 도벽증, 방화증, 변태성욕, 자해행동, 폭식과 같은 많은 충동통제 장애가 알려진 것보다 훨씬 더 일반적이라는 가정을 할 수 있다.

충동통제 장애는 여성과 남성 중 어느 편이 더 많을까? 많은 연구에서 간헐적 폭발성 장애의 대부분(77~87.5%)이 남성이었다. 청소년기 이전의 적대적 반항장애도 여아보다 남아에게서 더 빈번하게 나타나는 경향이 있다. 방화증은 90%가 남성이라는 조사도 있을 만큼 남성에게 훨씬 더 흔한 반면, 도벽증은 여성이 63~75%로 더 많았다. 남성은 외현적으로 반사회적 행동을 보이는 경우가 더 많고, 여성은 다른 증상을 보이는 경우가 많다. 이에 대해 학자들은 남성과 여성이 충동통제의 주제를 다른 문제로 드러낸다고 본다. 남성은 방화증, 간헐적 폭발성 장애, 적대적 반항장애 등 더 공격적인 행동으로 충동을 드러낸다는 것이다. 이에 비해 여성은 도벽증과 같이 외현적으로 덜 파괴적인 충동통제 장애를 보이는 경향이 있다.

충동통제 장애는 유아기나 성인기 후기에 나타나는 경우도 있지만, 대개 청소년기나 성인기 초기에 시작하며 만성적인 경과를 보인다. 어떤 충동적인 행동은 나이가 들어감에 따라 심각성과 빈도가 줄기도 한다. 그러나 충동통제 장애의 경과에 대한 체계적인 연구는 거의 없으며, 나이에 따른 변화에 대해서도 거의 알려진 바가 없다. ◆

3. 함께 나타나는 심리장애

충동통제 장애와 관련된 정신병리에 대한 체계적인 연구는 많지 않고, 특히 DSM-5에서 충동통제 장애의 하위유형이 재개편된 데 따른 연구는 거의 없는 실정이다. 그러나 충동통제 문제는 여러 심리장애에서 나타나는 것으로, 정신과 입원환자를 대상으로 충동통제 문제가 공존하는지 조사한 한 연구에서 30.9%의 환자가 충동통제 장애 진단을 함께 받은 것으로 나타났다(Grant, Levine, Kim, & Potenza, 2005). 그중 특히 성격장애, 약물 남용, 기분장애에서 충동통제 문제가 많았다(Moeller et al., 2001). 심리장애별로 볼 때, 적절한 진단기준을 체계적으로 사용한 몇몇 연구결과는 충동통제 장애와 관련해서 알코올 남용 및 기분장애의 평생 유병률이 높은 것으로 나타났다. 방화증의 경우 흔하게 동반되는 정신과적 장애의 평생 유병률은 알코올 남용(71.7%), 반사회성 성격장애

(51.5%)이고, 도벽증에서 함께 나타나는 심리장애의 평생 유병률은 주요 우울장애(34.9%), 알코올 남용(19.6%)인 것으로 나타났다(Grant & Potenza, 2011).

충동통제 장애와 기분장애를 함께 보이는 사람들을 대상으로 충동통제 장애와 기분장애 중 어떤 장애가 먼저 나타나는가를 조사한 연구결과를 보면, 우울이 먼저 나타난 경우가 60%로, 도벽증이 먼저 나타난 경우(25%)보다 훨씬 많았다. 우울과 도벽증이 같이 나타난 경우는 15%였다(McElroy, Hudson, Pope, & Keck, 1991).

기분장애 중 충동통제 장애와 가장 흔하게 같이 나타나는 것은 주요우울증이지만, 도벽증의 경우 우울증과 조증을 같이 보이는 양극성 장애의 비율이 특히 높은 것으로 나타났다. 또한 몇몇 환자는 자신의 충동통제 장애와 정서적 증상 간의 관련성에 대해 우울하거나 즐거운 것과 같은 정서적 증상이 충동적 행동에 영향을 주기도 하고, 충동적 행동이 정서적 증상에 영향을 주기도 한다고 하였다. 어떤 환자는 훔치는 것이 자신의 우울 증상을 감소시키는 즐거운 '흥분'을 일으킨다고 한다. 도벽증은 처음에는 강박 스펙트럼 장애로 생각되었지만, 점차 중독이나 정서장애와 관련성이 높은 것으로 간주되고 있다.

여성 경계선 성격장애 환자 72명을 대상으로 한 연구에서 96%가 적어도 한 가지 형태의 일탈행동을 하고 싶은 강박사고를 보고했으며, 이 중 18명(25%)은 조증 또는 비전형적 양극성 장애에 해당했다. 또 여기서 55명(76%)의 환자가 자신의 정서적 불안정성에서 '뚜렷한 양극성 성격'을 기술했고, 자신의 정서적 증상이 심해질수록 이와 관련된 일탈행동에 대한 강박사고도 증가함을 보고했다. 또 일탈행동을, 그 가운데에서도 특히 자해행동을 실행에 옮기고 나면 정서적 증상이 완화된다고 보고했다.

이 외에도 충동통제 장애 환자들이 함께 보이는 장애는 불안, 알코올 남용, 향정신성 약물 남용, 섭식장애 등 매우 다양하다. 이러한 결과는 강박장애, 공황장애, 섭식장애, 알코올 또는 약물 남용을 함께 가지고 있는 충동통제 장애 환자들의 사례 보고가 매우 많다는 것에서도 잘 나타난다. 또한 도벽증이 있는 사람이 섭식장애를 보이거나, 충동통제 장애 중 하나의 장애가 있는 사람이 다른 충동통제 장애를 동시에 보이는 경우가 많다.

충동적 특징이 있는 성격장애, 특히 경계선 성격장애의 경우 충동통제가 어려운 것이 주된 특징이라는 사실은 오랫동안 관찰되어 왔지만, 성격장애와 충동통제 장애 간의 관련성은 그다지 연구되지 않았다. 폭력범과 방화범을 대상으로 성격장애 공존 여부를 조사한 한 연구에서는 경계선 성격장애가 68%로 가장 많았고, 그 외 편집성 성격장애가 11%, 수동공격적 성격장애가 9%의 공존율을 보였다(Virkkunen, De Jong, Bartko, & Linnolia, 1989).

충동성은 아동과 청소년의 비행행동과 관련되는 것으로 알려져 왔다. 강간을 한 청소년 63명에 대한 조사연구(Vinogradov, Dishotsky, Doty, & Tinklenberg, 1988)를 예로 들면, 이들의 나이는 13~20세로 평균 16.7세였다. 이들 중 79%가 강간을 미리 계획하지 않았다고 보고하였는데, 이는 충동성을 시사한다. 또한 27%가 절도 같은 범죄를 한 적이 있다고 보고하였다. 그러나 이 중 50% 이상이 향정신성 약물을 사용했다는 결과는 반사회적 행동과 충동적인 행동의 성향을 구별하기 어렵도록 만든다. 충동성과 청소년 범죄 간에는 관련성이 있고, 시간이 지남에 따라 충동성은 반사회적 행동과도 일정한 관련성이 있는 것으로 보인다. 이러한 합의에 따라 적대적 반항장애, 품행장애, 반사회성 성격장애가 DSM-5에서 충동통제 장애에 포함되었다.

주의력결핍 과잉행동장애attention-deficit hyperactivity disorder: ADHD에서도 충동성이 문제가 된다. 높은 활동 수준, 주의집중의 어려움, 안절부절못함, 충동적인 말과 행동, 반사회적 행동 등이 충동성과 관련된 일반적인 증후군이다. ADHD는 과잉활동, 과잉운동 증후군hyperkinetic syndrome, 최소두뇌 장애minimal brain disorder, 최소두뇌 기능장애 등과 같은 명칭으로 불리기도 하였다. 그러나 과잉활동의 증상은 구체적이지 않으며 내분비계 장애, 중독 상태예: 납 중독, 중추신경계의 손상, 불안 능과 같은 다양한 원인과 관련될 수 있다. ❖

4. 충동성이란 무엇인가

충동성이란 무엇인가? 충동성은 부정적 결과를 고려하지 않고 내적 및 외적 자극에 대해 빠르고 계획적이지 않은 반응을 하는 경향성이라고 할 수 있다(Moeller et al., 2001). 이렇게 정의하면 충동성은 충동통제 장애뿐 아니라 여러 심리장애에 동반되는 현상이라 할 수 있다. 특히 강박장애, 중독문제, 정동장애 등에서도 충동통제의 어려움을 볼 수 있다. 여기서는 충동성을 접근하는 방법론에 따라 살펴보기로 한다.

1) 성격심리학적 접근

인간의 문제와 성격구조를 연구하는 데는 크게 개인적으로 접근하는 방법과 집단적으로 접근하는 방법의 2가지가 있다. 개인적 접근은 한 개인에게 초점을 두고 다른 사람과의 차이를 알아보는 데 주력하며 주로 개인의 사례를 연구하는 방법이고, 집단적 접근은 집단에 초점을 두고 집단 간의 차이를 알아보고자 하는 접근이다.

(1) 개인적 접근

충동성을 이해하려고 하는 성격심리학적 접근의 대부분은 개인적 접근을 취하였다. 따라서 충동성을 보이는 사람에 대한 세밀한 관찰과 진단에 그 초점을 두었다.

허트Ehrlheim Hirt는 1902년에 최초의 정신의학 교재 중 하나를 출판하였는데, 여기에서 그는 임상적으로 관련되는 행동을 기술하면서 최초로 충동impulse이라는 용어를 사용하였다. 허트는 정신질환자에게 4가지 기질 유형을 적용하였다. 이 중 화를 잘 내는 기질과 극단적으로 명랑한 기질이 합쳐졌을 때 폭발적이고 화를 잘 내며 도덕관념이 떨어지는 성격이 나타나게 되는데, 이런 사람들은 충동적이고 다른 사람들의 입장을 배려할 줄 모른다고 하였다. 그는 극단적으로 명랑한 기질을 가지고 있는 환자들의 특징을 피상적인 흥분성, 열정, 그리고 신뢰할 수 없음이라고 하였다. 주로 이들에게 내려지는 진단은 히스테리이지만, 허트는 그들의 주된 문제가 충동통제의 부족이라고 보았다. 화를 잘 내는 기질은 투덜거리고 화를 잘 내는 사람들에게서 나타나며, 이들의 문제 역시 충동을 통제

하지 못하는 것이라고 보았다.

정신의학을 공부하는 사람들에게 에밀 크레펠린Emil Kraepelin 은 20세기 초 정신장애 분류의 초석을 세운 뛰어난 정신의학 자로 알려져 있다. DSM-Ⅲ-R과 DSM-Ⅳ에 나타나는 정신장 애 분류법은 크레펠린이 체계화한 것을 변형한 것이다. 크레 펠린은 생애 후기에 들어와서 성격연구에 관심을 갖고 연구하 기 시작했다. 그는 정신의학 교재에서 조발성 치매dementia praecox와 조울증과 같은 주요 정신장애를 일으킬 가능성이 높 은 성격적인 특성에 대해 기술했다.

크레펠린은 이러한 성격요인 중 하나로 조울증을 일으키는 요인을 순환적cyclothymic 성향이라고 이름 붙였다. 이와 같은 증후군의 4가지 하위유형 중에서 2가지 유형이 정서적 충동 성과 관련되는 것으로 보인다. 순환적 성격은 우유부단하고 독단적이며 참을성이 없고 변덕스럽고 충동적이다. 성마른 성격은 통제력이 부족하고 성급하며 화를 잘 내고, 사소한 것 에도 불쾌하게 느끼며, 역시 충동적이다.

충동적인 행동 그 자체에 대해서 광범위하게 기술한 최초 의 이론가는 아마도 독일의 정신의학자인 칸Kahn일 것이다. 칸 은 충동적인 사람의 특징을 흥분성, 신속함, 폭발성이라고 보 았다. 이와 유사하게 독일의 정신의학자인 트래머Tramer는 충 동적인 유형의 특징을 기분이 빨리 바뀌고 긴장감을 빨리 드러내는 것으로 보았다.

정신역동 이론이 등장하면서 충동성을 성격적인 속성으로 보는 관점에 대한 토론은 점차 수그러들었고, 대신 충동적 사고의 특징과 원인론으로 초점이 모아졌다. 임상적인 관점에서 프로이트Freud는 정상적인 행동과 신경증 환자에게서 나타나는 충동적 사고의 빈도에 관심을 가졌다. 프로이트의 성격이론으로 보면, 충동적인 행동은 원초아id가 자아ego를 뚫고 나와 자아로 하여금 초자아superego의 명령과 다른 방향으로 행동하게 만드는 것이다. 프로이트는 충동이 생물학적인 과정과 연결되어 있음을 지적하면서, 충동성을 매우 광범위하게 나타나는 것으로 일반화시켰다. 또한 충동은 도덕적으로 좋거나 나쁜 것이 아닌 중성적인 성격을 띤다고 보았다.

프로이트는 자신의 성격구조 이론에 기반을 두고 성격을 분류하는 법을 연구하였다. 그는 성격유형을 자아 기능이 전적으로 우세한 자기애적 성격유형, 초자아 기능이 전적으로 우세한 강박적 성격유형, 그리고 원초아의 추동이 우세한 성性적 성격유형으로 분류하였다. 충동적 성격은 본질적으로 세 번째 유형인 성적 성격유형에 속하며, 본능적인 욕구에 따라서 움직이는 것으로 보인다.

이후 성격유형의 구분에 있어서 충동성의 구조에 대해 많은 논의가 이루어졌다. 예를 들어, 정신분석가인 빌헬름 라이히Wilhelm Reich는 히스테리성 성격의 요소로 피상성, 충동성, 지속적으로 노력하지 못하는 것을 꼽았다. 또한 그는 심리성적 발달단계에서 남근기phallic stage 동안에 심한 좌절을 경험하거나 과도하게 집착할 경우에는 사소한 실패에도 충동적인 반응을 보일 수 있다고 보았다.

(2) 집단적 접근

프로이트 및 다른 정신분석학자들이 충동성에 대하여 많은 이론을 펼쳤음에도 이들의 이론은 경험적인 연구의 뒷받침이 이루어지지 못하였다. 19세기 후반에 일어난 실험심리학의 움직임은, 부분적으로는 도덕적 철학과 정신분석 이전의 정신의학의 비경험성에 대한 반발로 일어났다. 초기 경험적 이론가들은 충동성의 중요성에 주목하고 정상 성격과 이상 성격에서 나타나는 충동적인 행동을 기술하였다.

분트Wundt는 특질trait의 차원적인 속성을 명확하게 기술한 최초의 심리학자 중 한 사람이다. 성격에 대한 분트의 이론은 본질적으로 칸트와 히포크라테스의 성격구조를 다시 요약한 것이지만, 그는 정서성과 활동성이라는 2개의 독립적인 축으로 이루어진 4개의 성격기능을 언급하였다. 그의 관점에서 보면 고전적인 '4유형'은 이 2개의 축의 극단에 있는 요소들이다. 다혈형sanguine type은 활동적이고 비정서적인 반면에, 담즙

형choleric type은 활동적이고 정서적이다. 그리고 점액형 phlegmatic type은 비활동적이고 비정서적이며, 우울형melancholic type은 비활동적이고 정서적이다. 아마도 극단적인 활동성과 정서성이 기질적인 충동성의 원인인 것으로 보인다.

20세기 초 심리학에서 주목할 만한 경험적인 성격연구들을 살펴보자. 우선, 성격을 몇 가지 차원dimension 및 이 차원에 근거한 유형type으로 기술하려는 노력이 있었다. 예를 들면, 성격은 활동성, 정서성, 외적 자극과 내적 자극에 대한 수용성의 3가지 차원으로 규명할 수 있다. 이 3가지 차원의 극단에 위치하게 되면 분명한 성격유형으로 구별이 된다. 예를 들어, 정서성, 활동성, 내적 자극에 대한 수용성이 높으면 내적으로 동기화되어 있고 충동적인 행동을 보이는 사람이다.

마디Maddi는 이와 유사한 방법으로 24개의 서로 다른 기질을 구별하였다. 그는 외향성을 지향하면서 활동성이 높은 특질은 충동적이고, 내향성을 지향하면서 활동성이 낮은 특질은 안정적인 것으로 파악하였다.

신체적 특징과 성격 간의 관련성에 대한 연구는 주로 19세기에 많이 이루어졌다. 신체 유형과 행동 간의 관련성을 연구한 가장 좋은 실례를 보여주는 사람은 독일의 정신의학자인 크레치머Kretschmer다. 미국에서 그의 이론을 이어받은 심리학자이자 의사인 쉘던Sheldon은 기질의 주요 요소와 신체적 특징

간의 관계에 관심을 가졌다. 쉘던은 유명한 측정이론가인 스티븐슨Stevenson과 함께 기본적인 신체 유형과 기질적인 기능 간의 관련성을 찾아내게 된다. 예를 들면, 신체화somatonia 성격유형은 중간 정도의 체격을 가지며 충동적인 경향이 있고, 모험을 즐기며 자신의 행동의 결과나 권위적인 대상을 무시하는 성향을 보인다.

시간이 지나면서 여러 행동 간의 관련성을 발견하는 것에 대한 좀 더 정교화된 수학적인 기법이 발달함에 따라 충동행동의 개념도 좀 더 정교하게 발전하게 된다. 요인분석은 이와 같은 목적에 가장 적합한 기법이다. 아이젱크Eysenck는 전반적인 성격과 충동성을 이해하는 과정에서 보다 정교한 요인분석적 접근을 사용하였다. 제2차 세계대전이 끝난 직후에 시작된 아이젱크의 연구는, 행동을 분류하는 데 있어서 충동성의 역할을 강조하였다. 그는 요인분석을 통해서 신경증 대 안정성, 외향성 대 내향성, 정신증 대 자아 강도 등 성격의 3가지 독립적인 차원을 규명하였다.

이후의 연구에서 아이젱크는 충동성이 이 3가지 차원 모두와 관련된다고 제안하였다. 그에 따르면 외향적인 사람은 보상을 얻고 자극을 추구하기 위해서 충동적으로 행동하기 쉽고, 신경증적인 사람은 쉽게 변하기 때문에 충동적으로 행동한다고 볼 수 있다. 정신증 차원이 높은 사람은 깊게 생각하지 않고 감각적인 자극을 찾는 행동을 하기 쉬우며 참된 충동성 true impulsivemess을 나타낸다.

2) 생물학적 접근

에른스트 배럿Ernst Barratt의 업적은 충동성의 개인차와 관련하여 학습 이론과 생물학적 기제를 연결하는 데 상당한 영향을 끼쳤다는 것이다. 처음에 배럿의 연구는 그 당시 유행하던 학습 이론과 충동성을 연결하고자 하는 것이었다. 그는 생물학적인 이론을 바탕으로 연구를 진행하였는데, 이는 그 당시 여전히 행동주의가 주된 흐름이었던 것을 고려하면 상당히 참신한 시도라고 할 수 있다.

버스Buss와 플로민Plomin은 충동성을 성격의 주요 차원으로 보고, 반응을 억제하기보다는 보다 빠르게 반응하고자 하는 성향을 충동성의 특징으로 보았다. 그들은 충동성의 반대를 심사숙고deliberatemess라고 하였다.

3) 인지행동적 · 사회학습적 접근

1950년대와 1960년대에 앨버트 반두라Albert Bandura와 월터 미셸Walter Mischel 같은 사회학습 이론가들은 인간이 어떻게 충동적인 행동을 억제하는가에 대한 이론적 설명을 개발하였다. 미셸은 스스로 만족을 지연하는 것이 어떻게 가능한가 하는 질문을 던졌다. 일반적으로 만족을 지연하지 못하는 사람은 충동적이라고 간주된다. 그러나 미셸은 보상을 지연하는 것이 실제로는 이전 경험, 주의집중력, 보상에 대한 기대, 보상을 받는 것을 미루는 것과 관련된 예상 등이 복잡하게 얽혀진 현상이라고 보았다.

미셸과 다른 많은 사회학습 이론가의 관점에서 보면, 보상을 받는 것에 대한 기대가 모든 상황에 일반적으로 적용될 수 있는 것은 아니다. 이들은 성격이 시간과 상황에 따라서 일관적이라고 보지 않았다. 그러나 현재 대부분의 성격이론가는 많은 인간 행동이 상황에 대하여 일관적으로 나타난다고 보고 있다. 이들은 충동성을 비롯한 성격특질들이 시간과 상황에 대해 일관적이라는 것을 무시했다.

그러나 이와 같은 단점에도 불구하고 사회학습 이론은 현재 심리학에서 매우 강력한 이론 중 하나다. 임상심리학에서도 인지행동주의는 현재 널리 각광받는 이론이 되었다. 인지행동주의가 이처럼 힘을 얻게 된 이유는 간단한데, 인지행동적 기법은 매우 효과적인 편이며 비교적 배우기 쉽기 때문이다.

4) 발달이론

발달이론가들은 오랫동안 아이가 어른보다 더 충동적인 경향이 있다는 점에 주목해왔다. 제롬 케이건Jerome Kagan 등은 체계적으로 충동성 연구를 조직화하였다. 케이건은 종단연구를 통해서 충동성이 오랫동안 지속되는 행동 특질이며 아주 어렸을 때부터 이를 관찰할 수 있다고 보았다.

슈어Shure는 충동적이 될 위험성이 높은 아이의 사고 과정을 변화시켜서 보다 덜 충동적인 행동을 하도록 하는 것이 가능하다고 하였다. 슈어와 몇몇 학자는 아이에게 무엇을 생각하는가가 아닌 어떻게 생각하는가를 가르치는 데 있어서 발달적 개입과 인지행동적 개입이 모두 중요하다고 강조하였다. 이와 유사하게 성인에게도 어떻게 보다 덜 충동적으로 생각할 것인가를 교육하는 것에 대한 연구가 많은 연구자에 의해 이루어지고 있다. ◆

5. 충동성의 측정

1) 일반적인 운동측정

행동반응을 제대로 억제하지 못하는 것에 초점을 맞추는 것이 충동성에 대한 정의를 내리는 가장 전형적인 방법일 것이다. 특히 어린아이나 취학 전 아동에 대해서는 더욱 그러하다. 이와 같은 정의는 조작적 정의를 내리기 쉽고 측정도 쉬우며, 연구자 간의 일치도가 높다는 점에서 충동적인 아동에 대한 연구에 많이 사용되었다. 일반적인 운동측정gross motoric measures 방법의 또 하나의 장점은 비용이 많이 들지 않고 컴퓨터를 이용한 자료 수집이 가능하기 때문에 측정상의 오차를 줄일 수 있다는 것이다.

일반적인 운동측정법의 단점은 타당도와 일반화의 문제다. 아마도 가장 주된 문제는 구성타당도일 것이다. 즉, 운동반응

을 제대로 억제하지 못하는 것을 측정하는 것이 충동성을 측
정하는 것인지 확인하기 어렵다는 것이다. 나아가 이와 같은
행동이 하루 중 어느 때 나타나는가, 아이가 어느 정도 각성되
어 있는가, 아이의 정서 상태가 어떠한가 등과 같은 여러 가지
요인에 따라서 변하기 쉽기 때문에 신뢰도 또한 낮을 수 있다.

2) 일상적 또는 상황적 운동반응의 억제

충동성에 대한 두 번째 조작적 정의는 검사를 받는 상황에
서 뚜렷하게 나타나는 운동반응을 억제할 수 있는 능력에 대
한 것이다. 이와 같은 정의에 기초해서 만들어진 검사에는 천
천히 선을 긋는 검사draw-a-line-slowly test와 천천히 똑바로 걷는
검사walk-a-line-slowly test 같이 특정한 운동반응을 억제하는 능력
을 평가하는 검사들이 있다.

아이들에게 잘 사용되지는 않지만, 스트룹stroop 과제 또한
특정한 반응을 억제할 것을 요구한다. 스트룹 과제란, 예를 들
어 노란색으로 된 '빨강'이라는 글자를 보여주고서 글자의 의
미를 무시하고 글자의 색깔을 말하도록 하는 것이다. 이 경우
글자 자체가 '빨강'이라는 글자이기 때문에 빨간색으로 된
'빨강'이라는 글자를 보여줬을 때보다 훨씬 시간이 오래 걸리
게 된다.

이와 같은 검사의 장점은 환경적인 타당성에 있다. 그러나 이와 같은 검사 역시 일반적 운동측정 방법과 마찬가지로 신뢰도와 타당도의 문제를 가지고 있다. 일반적인 운동측정 방법보다 신뢰도는 좀 더 높을 수 있지만, 구성타당도는 여전히 문제가 되는 것으로 보고되고 있다.

3) 강화계획

연구자들은 아이의 반응을 억제하는 능력을 측정하기 위해서 강화계획reinforcement schedule을 사용하기도 한다. 예를 들면, 아이가 자기가 좋아하는 물건에 다가가는 것을 억제하는 능력을 충동성에 대한 지표로 사용하는 것이다. 하지만 이 방법은 강화물의 가치가 사람마다 다를 수 있으므로 한 자극에 대한 반응이 다른 자극이나 상황에 똑같이 적용되지 않는다는 단점이 있다.

고든Gordon은 ADHD를 보이는 아이의 충동성을 판명하는 도구로 DRLdifferential rate of low responding procedure을 사용하였다. DRL은 피험자가 정해진 시간 동안 반응을 억제하기만 하면 보상을 하는 계획을 세우는 것이다. 예를 들면, 아이에게 버튼을 누르도록 하고 버튼을 다시 누르기 전에 기다리게 해서 만일 아이가 정해진 시간 동안 기다리면 보상을 준다.

고든의 연구에 따르면, 나이나 지적인 수준과 상관없이 과
잉활동을 보이는 아이가 그렇지 않은 아이보다 DRL 과제를
더 잘 수행하지 못하는 것으로 나타났다. 또한 DRL 과제를 수
행하는 정도와 아이가 기다리는 동안에 보이는 행동에는 관련
성이 있는 것으로 나타났다. 아이들은 버튼을 다시 누르는 것
을 참기 위해서 나름대로 전략을 세웠다. 이때 뛰어다니는 것
과 같은 신체적인 전략을 사용하는 아이가 숫자를 세는 것과
같은 인지적인 전략을 사용하는 아이보다 과제를 더 잘 수행
하지 못하는 것으로 나타났다. DRL과 그 밖의 강화계획은 신
경과학에서 자주 사용된다.

4) 인공적인 운동검사

다른 방법으로는 운동반응성을 억제하는 것을 측정하는 지
필검사나 컴퓨터 검사가 있는데, 이런 검사들은 앞서 제시했
던 검사들보다는 일상생활에서 보이는 행동과의 관련성이 떨
어진다. 이런 유형의 검사로는 그림 맞추기 검사matching familiar
figures test: MFFT와 미로추적 검사porteous maze test: PMT가 있다.

충동성을 측정하는 데 가장 광범위하게 사용되는 그림 맞
추기 검사는 케이건의 인지 속도와 반영 대 충동성reflection-
impulsivity 개념에 기초한 것이다. 메서Messer에 따르면, 반영 대

충동성은 적절한 반응이 분명하지 않고 여러 대안행동이 가능한 상태를 인식하는 성향을 나타낸다. 반영적인 사람은 대안적인 반응을 선택하는 데 있어서 시간이 걸리지만 정확한 사람인 반면, 충동적인 사람은 대안적 반응 선택이 빠르지만 부정확한 사람이다.

그림 맞추기 검사는 모두 12문항으로 이루어져 있으며, 피험자들은 6개의 대안적인 그림 중에서 〈보기〉 그림과 가장 일치하는 그림을 골라내야 한다. 그리고 피험자가 가장 일치하는 그림을 선택할 때까지 계속 선택하게 하여 정확한 반응을 하기까지 걸린 시간과 실수를 범하는 개수가 기록된다. 검사 결과, 피험자들은 빠르고 정확, 느리고 정확, 빠르고 부정확, 느리고 부정확의 4개 범주 중 하나로 분류된다. 느리고 정확한 경우는 반영적으로, 빠르고 부정확한 경우는 충동적으로 분류한다. 실수를 범하는 개수가 상위 25% 내에 들어 실수가 많고 반응을 하기까지 걸린 시간이 하위 25%에 있어 반응이 빠른 경우 둘 다에 해당될 때 충동적인 것으로 볼 수 있다.

그림 맞추기 검사는 비록 충동성을 측정하는 도구로 널리 사용되었지만, 여러 연구자들이 도구의 신뢰도와 타당도에 의문을 제기했다. 어떤 연구에서는 1년 뒤의 재검사에서 47%만이 동일한 범주에 해당하는 것으로 나타났다. 나아가 빠르고 정확한 범주와 느리고 부정확한 범주에 대해서는 별다른 해석이 이루어지지 않는다는 점에서 도구의 타당도가 떨어진다는 지적이 있기도 하다. 그럼에도 충동성에 대한 매우 일반적인 측정도구라고 볼 수 있다.

미로추적 검사는 원래 지능을 측정하는 도구로 개발되었으나, Q점수가 추가되면서 충동성을 측정하는 도구로도 사용되기 시작하였다. Q점수는 질적 점수로, 미로를 해결한 개수보다는 미로를 해결하기 위해 어떤 접근을 사용했는가를 반영하는 점수다. 미로추적 검사를 충동성의 측정도구로 사용한 연구들은 서로 상반된 결과를 보여준다. 그러므로 이 검사를 충동성을 결정하는 타당한 도구로 쓰는 것은 주의해야 하며, 특히 임상적인 목적으로 사용할 경우 주의해야 한다.

5) 직접관찰

직접 행동을 관찰하는 방법은 충동성을 다룬 수많은 연구에서 사용되어 왔다. 연구에 따라서는 치료자뿐만 아니라 간호사, 교사 또는 부모가 관찰자가 되었다. 또한 관찰을 하기 전에 관찰자를 훈련시키는 정도도 연구마다 다양하다. 어떤 연구는 관찰하기 전에 자세한 교육을 시키는 반면, 어떤 연구는 전혀 교육을 받지 않은 사람을 관찰자로 사용하기도 한다.

관찰이 이루어지는 장면 또한 연구마다 다양하다. 예를 들어, 과잉활동적인 소년들이 운동장에서 노는 것을 자연 관찰하거나 충동성에 대한 인지행동치료의 효과를 알아보기 위해 충동성 통제 척도를 사용하기도 하였다. 연구실에 놀이방을 꾸며놓고 주의력결핍이 있는 아동의 행동을 관찰한 연구도 있다. 이러한 직접관찰 방법의 장점은 실제 행동을 관찰하기 때문에 환경적 타당도를 가지고 있다는 것이다. 반면, 반복해서 같은 결과가 나오기는 어려우므로 신뢰도가 떨어지는 단점이 있다. ◆

6. 충동성의 원인

아동과 청소년에게서 충동적인 행동이 일어나는 것에 대한 설명은 매우 다양하다. 여기에는 신경학적 이론, 생화학적 이론, 성격 이론, 인지처리 이론 등이 있다.

1) 신경학적 요인

어떤 사람에게는 충동적인 행동이 대뇌의 손상이나 다른 중추신경계의 기능 이상과 같은 단일한 생물학적 원인에 의한 것일 수 있다. 부모나 교사가 충동적이라고 보는 몇몇 아이의 경우 '약한' 신경계 이상이 있음을 암시하는 행동을 보인다. 그러나 충동적인 아이는 그 원인을 하나로 꼬집어내기는 어려우며, 여러 원인이 복합적으로 작용하는 경우가 대부분이다.

레작Lezak에 따르면 두뇌의 수행 기능에 손상을 입을 경우

독립적이고 의식적인 행동을 다스리는 기능이 손상될 수 있으며, 이는 충동통제에 악영향을 미치게 된다. 구체적으로 보면 뇌의 후두엽이나 측두엽에 부분적인 손상을 입으면 안절부절 못하고 흥분하며 충동통제에 어려움을 보였다고 한다. 아동과 청소년의 경우에는 뇌의 손상이 충동적인 행동을 일으킬 수 있지만, 충동통제의 어려움을 보이는 사람 대부분이 뚜렷한 두뇌 손상이나 신경계의 이상을 보이지는 않는다. 그러나 신경심리학과 신경정신의학적 평가가 보다 정교화되어감에 따라 많은 충동장애의 원인이 규명될 것으로 보인다.

2) 신경호르몬과 신경전달물질

생물학적 기제와 충동성 간의 관계에 대한 주제는 매우 복잡하다. 아동기의 충동성과 관련되는 생물학적 요소를 찾고자 하는 연구들은 여러 가지 측정상의 어려움으로 인해 난항을 겪고 있다. 환자의 활동성, 음식, 시간대와 같은 요인들 또한 인체의 신진대사에 영향을 미치기 때문에 측정을 어렵게 만든다. 따라서 이 분야에 대한 연구의 결과가 서로 상충되는 것은 어쩌면 당연한 일이라고 할 수 있다. 예를 들어, 충동성의 생화학적 바탕을 찾고자 하는 연구자들은 뇌의 시상하부-뇌하수체-부신 간의 관계에 초점을 두었다. 낮은 부신피질 호

르몬 수준과 공격성 및 충동적 행동 간의 관련성이 보고되기
도 한다. 한편, 이와 상충되는 연구결과도 같이 보고되고 있
다. 주의력결핍 장애 아동, 품행장애 아동, 정상 통제집단 아
동의 부신피질 호르몬 수준을 비교한 연구에서 두 장애 아동
집단과 통제집단 간에는 수준 차이가 없는 것으로 나타났다.

다른 연구자들은 ADHD에 효과적인 것으로 나타난 약물의
활동기제를 연구함으로써 ADHD와 관련된 충동성의 원인을
알아보고자 하였다. 이와 같은 연구결과 또한 서로 상반되는
것으로 나타났으며, ADHD를 적절하게 설명할 수 있는 단일
한 신경전달물질은 발견되지 않았다. 그러나 일부 연구에 따
르면 도파민dopamine과 노르에피네프린norepinephrine 체계가 관
련되는 것으로 나타났다. 이 2가지 신경전달물질이 다양한 행
동체계와 관련된다는 사실을 생각해볼 때 이는 그다지 놀라운
사실은 아니다. 이후 연구에서는 이러한 신경전달물질들이
어디에서 또 어떻게 상호작용하여 충동적인 행동을 일으키는
가 하는 점을 규명해야 할 것이다.

3) 특질과 기질

특질과 기질적 설명 역시 다른 생물학적 설명과 크게 다르
지 않다. 이 관점에서는 문제가 되는 행동이 신뢰롭고 타당하

게 측정될 수 있는 개인차 요소와 관련된다고 본다.

유용한 기질 이론 중 하나로 버스와 플로민의 이론이 있다. 이들은 사람이 활동성, 정서성, 사회성, 충동성을 포함하는 일정한 기질 세트를 가지고 태어난다고 보았다. 이러한 기질들은 연속선상에서 구성되기 때문에 개인은 특정한 기질이 높고 낮음에 따라 연속선상의 한 점에 위치하게 된다. 충동성의 경우 연속선의 한쪽 끝은 충동적이고 다른 쪽 끝은 신중하다. 버스와 플로민은 충동성에서의 개인차가 유전적 기질과 관련된다고 보았다.

충동성과 성격 간의 관계에 대해 논의한 또 다른 유명한 이론가로는 아이젱크Eysenck, 그레이Gray, 주커만Zuckerman이 있다. 아이젱크는 성격의 3요인, 즉 신경증, 외향성, 정신증을 가정했으며, 이러한 성격특질이 생물학적 및 유전적 영향을 받는다고 보았다. 그레이는 아이젱크의 성격구조를 변형시켜서 충동성을 성격의 주요 차원으로 보았다. 헤븐Heaven은 충동성이 주커만이 제기한 감각추구와 관련된다고 보기도 하였다.

4) 발달적 관점

충동성에 대한 발달론적 모델은 다루나Daruna와 반스Barnes에 의해 이루어졌다. 올슨과 베이츠 그리고 벨스(Olson,

Bates, & Bayles, 1990)는 종단연구를 통해서 엄마와 아이의 초기 상호작용이 아이가 이후에 보이는 자기통제 능력을 예언할 수 있는지 보았다. 79명의 아이를 대상으로 해서 각각 6개월, 13개월, 24개월, 6세 시기에 조사하였다.

그 결과 어린 시절의 부모와의 상호작용이 이후에 아이가 보이는 인지적 비충동성과 지연만족 능력을 예언할 수 있었다. 엄마와 아이 간의 애착이 안정될수록 인지적으로 비충동적이었고 만족을 지연할 수 있는 능력이 더 높았다. 또한 2세 때 아이의 인지적 능력이 높을수록 자라서 충동통제 능력이 높았다. 이러한 연구결과들은 유아의 충동성에 선행되는 사건이 다차원적이고 발달론적인 개념임을 지지한다.

케이건 등(Kagan, Lapidus, & Moore, 1978)은 4개월, 8개월, 13개월 때 평가를 받은 적이 있는 10세 남아 35명과 여아 33명을 대상으로 추적 연구를 실시하였다. 그 결과 주의력, 흥분성, 안절부절못함, 활동성, 충동성과 같은 유아기의 변인과 10세 때의 IQ, 읽기 능력 간에는 별다른 관련성이 없는 것으로 나타났다. 유아기의 주의력은 10세 때의 IQ와 읽기 능력을 예언하는 것으로 나타났지만, 유아기와 아동기의 변인은 모두 사회적 계층과 관련성이 더 높았다. 이는 유아기의 특정한 특질보다는 부모의 사회적 계층과 관련된 경험이 10세 때의 IQ, 읽기 능력 등 인지적 변인에 대한 더 중요한 예언변인

임을 나타낸다.

5) 인지적 처리

켄달Kendall과 윌콕스Wilcox에 따르면, 충동적인 아이는 문제 해결, 언어 중개, 정보 추구에 어려움을 보이는 것으로 나타났다. 또한 여러 연구에서 충동적인 아이가 또래 아이와의 관계에서 어려움을 겪는다는 점을 바탕으로 하여 충동성과 사회적 의사결정 간의 관련성을 연구하기도 하였다.

예를 들어, 한 연구에서 공격적인 아이와 그렇지 않은 아이에게 '탐정놀이'를 하게 하고 답을 내는 속도를 비교하였다. 아이들은 범죄를 저지른 것으로 보이는 소년에 대한 이야기를 듣고 증거를 수집하기 위해 5명의 증인에게 증언을 듣게 된다. 연구결과, 공격적인 아이가 그렇지 않은 아이보다 증언을 30% 정도 더 적게 듣는 것으로 나타났다. 한편, 공격적인 아이 중에서 빨리 답을 내는 아이와 느리게 답을 내는 아이를 비교한 결과, 빨리 답을 내는 공격적인 아이가 무죄 증거가 있음에도 범인이라고 결론내리는 경향이 더 높은 것으로 나타났다.

연구자들은 이와 같은 결과에 대해, 빨리 답을 내는 공격적인 아이가 관련되는 사회적 단서에 주의를 기울이지 않은 채 또래 아이가 공격적인 행동을 했을 것이라고 더 쉽게 생각하는 경향이 있는 것으로 보았다. 따라서 충동적인 아이는 또래 아이의 행동에 대해서 부정확한 판단을 내릴 위험성이 더 큰 것으로 보이며, 이는 적절한 사회적 관계의 형성을 저해하는 요소가 될 수 있다.

이와 같은 연구결과의 실질적 함의에 대해 이루어진 다른 연구에서는 비행청소년이 표정을 인식하는 데 있어서 더 부정확하게 인식하는 성향이 있음을 밝혀냈다. 즉, 비행청소년은 모호한 표정을 더 부정적인 것으로 해석하였다. 이것은 사회적 단서를 잘못 해석함으로써 충동적인 범죄를 저지를 수 있는 가능성에 대한 연구와도 관련되는 것으로 보인다.

6) 정신역동 이론

고전적인 정신역동 이론에서 프로이트는 충동적인 행동은 초자아의 발달이 부족한 것을 나타낸다고 보았다. 그러나 초자아는 천천히 발달하기 때문에, 아이일 때는 충동적인 것이 정상이라고 간주하는 학자도 있다.

아동과 청소년이 보이는 극단적인 충동성은 초자아의 억제력이 약화된 것을 나타낸다. 현대의 정신역동 이론에서는 추동drive의 역할을 강조하기보다는 중요한 타인, 특히 어머니와의 초기 경험의 역할을 더 강조한다.

7) 태내 물질남용

산모가 임신 중에 코카인, 아편, 담배, 알코올, 마리화나 등을 복용했을 경우 이러한 요소들이 태아의 신경발달과 이후 아동의 행동에 영향을 미친다는 점에서 볼 때, 이와 같은 약물은 아이의 충동성에도 영향을 끼칠 가능성이 있다. 여기에는 아이가 더 산만하고 충동적이 되는 것도 포함된다.

그러나 이와 같은 부정적인 결과가 초기 아동기 이후까지 지속되는가와 관련해서는 알려져 있지 않다. 또한 태내 약물 중독의 효과와 부실한 양육환경, 예를 들어 임신 중에 적절한 보살핌이 이루어지지 않았거나 경제적으로 빈곤하거나, 엄마와 애착관계가 적절하게 형성되지 않은 경우 등의 영향을 따로 분리하여 알아보는 것은 매우 어렵다. 남성의 경우, 약물남용과 관련된 유전적 요소와 충동성 간에 관련성이 있는 것으로 보인다.

8) 사회적 요소

많은 연구가 지연 만족이 부분적으로 사회학습을 통해 이루어진다고 본다. 실제로 현재 충동성을 다룬 많은 연구가 미셸의 초기 연구에서 출발하며, 충동성과 관련되는 특정한 행동이 사회적으로 학습된다는 것은 잘 알려진 사실이다. 그러나 일반적으로 많은 사회학습 이론가는 상황에 대한 성격의 일관성의 중요성을 부인해왔다. 특정한 반사회적 행동이 단지 그 행동을 보는 모델링을 통해서 학습될 수 있다는 증거가 있음에도 충동성을 학습하는 데 있어서 모델링의 역할에 대한 연구는 거의 이루어지지 않았다.

사회학습 이론가들은 강화물에 대한 기대가 낮은 것에서 인간의 충동성이 시작되었을 것이라고 제안한다. 나바릭(Navarick, 1982)은 대학생을 대상으로 작고 즉각적인 강화와 크고 지연된 강화에 대한 실험을 했다. 참여자들에게 처음 20초간 소음이 없다가 그다음 20초간 소음이 있는 조건즉각적 강화과 처음 20초간 소음이 있고 그다음 20초간 소음이 없는 조건지연된 강화 중에서 선택하도록 했을 때, 참여자들은 처음에 소음이 없는 조건즉각적 강화 조건을 더 많이 선택했다. 이 경우 강화의 크기소음이 없는 20초는 동일했다. 연구자는 강화의 크기소음이 없는 시간를 다양하게 변화시키면서 실험을 진행했는데, 처음 5초간 소음이 없고 다음 90초간 소음이 있는 조건과 처음 75초간 소음이 있고 다음 20초간 소음이 없는 조건 중에서 선택하도록 했을 때 첫 번째 조건을 더 많이 선택한다는 것을 발견했다. 첫 번째 조건에서 강화의 크기소음이 없는 5초가 두 번째 조건에서의 강화의 크기소음이 없는 20초보다 더 작음에도 불구하고 즉

각적 강화를 선택하는 것이다. 또 다른 실험(Navarick, 1986)에
서도 연예인 사진을 먼저 10초간 보고 다음 70초간 보지 못하
는 조건과 연예인 사진을 40초간 보지 않고 다음 40초간 보는
조건 중에서 선택하도록 했을 때, 참여자들은 강화의 크기가
작지만10초 즉각적으로 사진을 볼 수 있는 첫 번째 조건을 더
많이 선택했다. 이는 강화의 크기가 작음에도 즉각적인 만족
을 얻고자 하는 행동, 기다리면 더 큰 강화를 받을 수 있음에
도 기다리지 못하는 행동이 충동성에 대한 하나의 설명이 될
수 있음을 의미한다.

보다 거시적인 관점에서 보면, 빈곤 및 가족환경에서의 스
트레스와, 약물 남용이나 무계획적인 범죄 같은 충동적인 행
동 간에 관련성이 있을 수 있다. 많은 연구에서 빈곤, 인종차
별 및 사회경제적 차별, 열악한 환경, 사회적 신분 상승의 어
려움과 같은 여러 문제를 안고 있는 가정에서 태어난 사람들
이 충동적으로 행동할 가능성이 더 높음을 보여준다. 또한 사
회화의 부족으로 인해 충동적인 행동을 하게 된다는 설명도
있으며, 인지적인 과정이 이를 연결한다는 가정도 있다. 몇몇
연구자는 충동적인 행동이 하위계층 가족에서 부딪치는 스트
레스에 대한 반응이라고 보기도 한다. ❖

충동통제 장애의
유형과 치료

2

1. 적대적 반항장애

1) 적대적 반항장애의 진단적 특징

적대적 반항장애에서 주로 보이는 양상은 지속적인 고집, 지시에 대한 저항, 어른이나 친구와의 타협 양보 협상을 하지 않는 것이다. 부정적인 기분 문제가 수반되지 않고 행동 문제만 보이는 경우도 종종 있지만, 대개 분노나 과민한 기분도 함께 보인다.

이들은 고의적으로 귀찮게 굴고 괴롭히고 언어적으로 공격하거나, 뚜렷하게 반항적이고, 불복종적이고, 도발적인 행동을 한다. 이에 비해 심각한 공격적 행동은 나타나지 않으며, 규칙을 어기거나 타인의 권리를 침해하는 반사회적 행동도 두드러지게 나타나지 않는다. 보통 자신은 반항적이거나 도전적이라고 생각하지 않고, 자신의 행동이 불합리한 요구나 환경에 대한 정당한 반응이라고 생각한다. 그러나 겉으로 보이는 태도와 달리 심리적으로 대부분 좌절되어 있고 우울하며 열등감이 많다. 알코올, 담배, 흡입제 등을 남용하기 쉬우며 기분장애로 발전되기도 한다.

적대적 반항장애의 증상은 한 상황에서만 나타날 수 있다. 학교나 다른 곳에서는 분명히 드러나지 않고 집에서만 문제를 보이는 경우가 가장 흔하다. 조금 더 심한 경우에는 증상이 다양한 상황에서 나타난다. 적대적 반항장애의 증상이 여러 상황에 만연된 정도가 장애의 심각도 지표가 되므로 다양한 상황이나 대인관계에서 반항행동을 보이는지 살펴보는 것이 중요하다. 주로 친숙한 어른이나 친구관계에서는 빈번하게 드러난다.

만 4세 7개월인 M이 어린이집에서 너무 말을 듣지 않아 문제가 된다는 말을 듣기 전까지 그 부모는 M에게 특별히 문제가 있다고 생각하지 않았다. 부모는 M이 어린 시절 자주 울고 잠을 잘 안 자서 아이를 재우는 데 힘이 들었을 뿐이라고 회상했다. M은 지금도 혼자 자지 않지만, 스스로 해야 하는 여러 행동을 배우는 중이다. M은 고집이 세고, 누가 하라는 것은 하지 않으려 했다. 어린이집에서도 교사의 말을 듣지 않았고, 무조건 "싫어"라고 한다. M은 자기 마음에

들지 않으면 울고불고 난리를 치기 일쑤였다. 통학버스에서
자리에 앉아 있지 않고 뛰어다니며, 보조교사의 말을 듣지
않았다. 수업시간에도 집중을 안 하고 시끄럽고 산만했으
며, 자주 다른 아이들을 괴롭히거나 과격한 행동을 했다. 이
를 제지하는 교사에게 거칠게 반항하고 욕을 하기도 하였
다. M은 비협조적이었고, 공격적인 행동을 문제로 삼은 교
사의 권고로 정신과 진료를 받았으며, 적대적 반항장애 진
단을 받았다.

반항장애 아동의 약 1/4은 예후가 좋아서 수년 내에 상태가
많이 나아진다. 그러나 증세가 그대로 유지되고 다른 사람의
권리를 침해하는 품행장애로 이행되는 경우에는 그 예후가 나
쁘다. 적대적 반항장애가 있는 아동 및 청소년은 성인으로 성
장하고 적응하는 데 있어서 반사회적 행동, 충동 조절 문제,
물질 남용, 불안 및 우울 등 많은 문제를 보일 위험이 높다.

일반적으로 반항장애 아동은 영아기 때부터 까다롭고 달래
기 힘든 경우가 많다. 반항적인 행동은 먹기, 잠자기, 대소변
훈련 때에 많이 나타난다. 대개의 경우 심한 분노발작이 일어
난다. 아동이 자라나면서 방을 깨끗이 정돈하는 것, 목욕하는
것, 제시간에 잠자는 것, 말대꾸하는 것, 숙제하는 것 등과 관
련하여 싸움이 자주 일어난다. 사춘기 이전에는 남아가 여아

보다 비율이 더 높다. 그러나 청소년기에는 남녀의 비율이 거의 같아진다.

품행장애에서 기술되는 여러 증상은 발달단계에서 전형적으로 어느 정도 보일 수 있는 행동이다. 따라서 증상이 장애에 부합하는지를 결정할 때 진단기준과 관련되는 행동의 빈도, 지속성, 다양한 상황에 만연된 정도, 손상의 정도를 고려하는 것이 중요하다. 이때는 연령, 성별 및 개인이 속한 문화에서 정상 규준이 무엇인지에 입각해서 상대적으로 볼 수 있어야 한다.

 적대적 반항장애의 진단기준 (DSM-5; APA, 2013)

A. 분노/과민한 기분, 논쟁적/반항적 행동 또는 보복적인 양상이 적어도 6개월 이상 지속되고, 다음 중 적어도 4가지 이상의 증상이 존재한다. 이러한 증상은 형제나 자매가 아닌 적어도 한 명 이상의 다른 사람과의 상호작용에서 나타나야 한다.

• **분노/과민한 기분**
   1. 자주 욱하고 화를 냄
   2. 자주 과민하고 쉽게 짜증을 냄
   3. 자주 화를 내고 크게 분개함

• **논쟁적/반항적 행동**
   4. 권위자와의 잦은 논쟁, 아동이나 청소년의 경우는 성인

과 논쟁함

5. 자주 적극적으로 권위자의 요구나 규칙을 무시하거나 거절함

6. 자주 고의적으로 타인을 귀찮게 함

7. 자주 자신의 실수나 잘못된 행동을 남의 탓으로 돌림

- **보복적 특성**

8. 지난 6개월 안에 적어도 두 차례 이상 악의에 차 있거나 앙심을 품음

✴ **주의점:** 진단에 부합하는 행동의 지속성 및 빈도는 정상 범위 내에 있는 행동과 구별되어야 한다. 다른 언급이 없다면, 5세 이하의 아동인 경우에는 최소한 6개월 동안 거의 매일 상기 행동이 나타나야 한다. 5세 이상의 아동인 경우에는 6개월 동안 일주일에 최소한 1회 이상 상기 행동이 나타나야 한다(진단기준 A8). 이런 빈도에 대한 기준은 증상을 기술하기 위한 최소 기준을 제공한 것일 뿐이며, 반항적 행동이 동일한 발달 수준에 있고 성별이나 문화적 배경이 같은 다른 사람들에게서 전형적으로 관찰되는 것보다 더 빈번하고 강도가 높은지와 같은 다른 요인들도 고려해야 한다.

B. 행동 장애가 개인 자신에게, 또는 자신에게 직접적으로 관련 있는 사회적 맥락(예: 가족, 또래집단, 동료) 내에 있는 상대방에게 고통을 주며, 그 결과 사회적, 학업적, 직업적 또는 다른 중요한 기능 영역에서 부정적인 영향을 준다.

C. 행동은 정신병적 장애, 물질사용장애, 우울장애 또는 양극성 장애의 경과 중에만 국한해서 나타나지 않는다. 또한 파괴

적 기분조절부전장애의 진단기준을 충족하지 않아야 한다.

※ 현재의 심각도 명시할 것

– 경도: 증상이 한 가지 상황(예: 집, 학교, 직장, 또래집단)에서만 나타
나는 경우다.

– 중등도: 증상이 적어도 2가지 상황에서 나타나는 경우다.

– 고도: 증상이 3가지 이상의 상황에서 나타나는 경우다.

◆ 적대적 반항장애의 감별 진단

적대적 반항장애oppositional defiant disorder: ODD 진단을 내릴 때
는 정상 범위 내에 있는 행동과 구별하여야 한다. 즉, 나이와
발달 정도가 같은 또래에 비해 문제행동이 더 빈번할 때만 진
단기준을 적용해야 한다. 관찰기준은 6개월이며, 만일 5세 이
하의 아동인 경우에는 진단기준의 행동이 거의 매일 나타나야
한다. 5세 이상의 아동인 경우 일주일에 최소 1회 이상 나타
나야 한다. 또 행동장애가 사회적 상황, 학업 또는 직업 기능
에 중대한 지장을 초래해야 한다. 그리고 문제행동이 주로 정
신장애나 기분장애의 발병 과정에서 발생하는 것이 아니어야
한다. 또 행동장애의 진단기준에 맞지 않고 18세 이상이면 반
사회성 성격장애의 진단기준에 맞지 않아야 한다. 품행장애
의 진단기준에 더 맞으면 품행장애로 진단하고, 적대적 반항
장애로는 진단하지 않는다. 적대적 반항장애와 품행장애의

진단기준을 모두 충족하는 경우에는 두 진단을 모두 내릴 수 있다.

적대적 반항장애나 품행장애는 대개 아동기나 청소년기에 처음 발병하는 경향이 있다. 청소년기 이전에 품행장애를 보인 대부분의 경우, 어린 시절 적대적 반항장애의 진단기준에 해당하는 문제를 보였다. 그러나 적대적 반항장애가 있는 아동이라고 해서 모두 품행장애로 발전되는 것은 아니다. 이들은 품행장애뿐 아니라 불안장애나 우울장애를 동반할 가능성이 있다. 대개 반항적이고 논쟁적이고 보복적인 증상이 있으면 품행장애로 발전할 위험이 있고, 분노나 과민한 기분은 정서장애로 발전할 수 있는 요인이 된다.

 적대적 반항장애 체크리스트

1. 쉽게 화를 내고 짜증을 낸다.
2. 가까운 어른에게 말대꾸하거나 대든다(부모나 교사 등).
3. 부모나 교사의 지시에 반항하거나 성질을 부린 적이 있다.
4. 타당한 규칙이나 요구를 무시하거나 거부한다.
5. 고의로 친구들을 괴롭힌다.
6. 자신의 실수나 잘못된 행동을 남의 탓으로 돌린다.
7. 다른 사람 때문에 쉽게 기분이 상하거나 흥분한다.
8. 자신감이 없고 자신을 무가치한 존재로 생각한다.
9. 누군가에게 원한을 품거나 보복하려 한다.

적대적 반항장애에서는 대개 주의력결핍과 과잉행동장애 ADHD를 함께 갖고 있다. 주의력결핍, 과잉행동 장애에서 나타나는 충동성과 과잉행동은 반항장애의 반항과 분노를 증폭시킬 수 있다. 학습장애, 기분장애 등의 장애와도 공존할 수 있고, 강박증의 일부로도 생길 수 있다. 일부 분리불안장애 아동도 반항적인 행동을 보일 수 있다. 또한 끈질기게 달라붙는 애착 행동이 적대적 반항으로 이어질 수도 있다.

2) 적대적 반항장애의 원인

적대적 반항장애에는 가족관계의 스트레스, 부모 자식 간의 갈등이 중요한 역할을 한다. 천성적으로 까다로운 아기는 잘 달래지지 않아서 부모는 좌절을 하고 야단만 치게 된다. 이에 아동은 무력감, 부족함, 좌절과 분노를 경험하고 성장하면서 침묵, 반항, 말 안 듣기 등으로 어른을 대하게 된다. 부모는 자녀가 말을 잘 듣게 하기 위해서 잔소리하고, 꾸짖고, 신체적 체벌을 가하는 등의 행동을 하는데, 이는 오히려 적대적인 행동의 빈도와 강도를 증가시킨다. 특히 권력에 대한 관심이 높은 부모가 기질적으로 자기주장과 독립성이 강한 아동을 강하게 억제하려고 할 경우, 부모 자녀 간의 투쟁이 일어난다. 부모가 엄격한 경우뿐 아니라 비일관적이고 방임적인 양육도 적대적 반항장애를 유발하는 데 중요한 역할을 할 수 있다.

정신분석에서는 적대적 반항장애를 배변 훈련 중 부모와 자녀가 힘겨루기를 하는 일종의 항문기적 문제로 보기도 한다. 또한 행동주의에서는 가족 내 모방학습으로 학습되고, 조작적 조건형성을 통해 강화된다고 본다. 즉, 집요한 반항행동과 적대적 논쟁행동으로 자신이 원하는 것을 얻는 보상적 결과라는 것이다.

부적응적인 학교생활도 원인이 될 수 있다. 학교에서는 수동적·공격적·반항적 행동이 교사와 다른 아이들을 화나게 만든다. 아동은 학교에서 야단맞고, 처벌 및 비난을 받게 되는데, 그러면 이를 남의 탓으로 돌리고 비난하고 화를 낸다. 이러한 악순환이 계속되면 아동은 사회적 고립을 경험하게 되고, 만성적인 비난과 함께 낮은 자존심을 갖게 된다.

3) 적대적 반항장애의 치료

적대적 반항장애 아동을 치료하는 데 있어서는 우선 아동과 좋은 치료적 관계를 형성하고 아동의 욕구불만과 분노감을 잘 수용해야 한다. 치료적 기법으로는 효과적으로 실현할 수 있는 적응적 행동을 습득시키고 강화해주도록 한다. 현실치료에 근거한 '선택이론'은 아이에게 자신이 적대적이고 반항적인 행동을 선택함으로써 오는 결과를 살펴보도록 하고, 자기가 원하는 것을 얻기 위해서는 어떤 선택을 해야 할지 알아가도록 한다. 그리고 더 효과적인 분노 조절을 통해 반항행동을 줄이도록 돕는다. 여기에 사회기술 훈련이나 인지행동 기법을 동원할 수 있다.

이와 함께 가족치료나 부모훈련 프로그램을 병행하여 훈육원칙을 부모에게 이해시키고, 효과적인 부모 자녀 의사소통과 관계 개선을 유도하는 것도 중요하다. 부모도 아동을 관찰하고 분명하게 의사소통을 하는 방법, 협상기술, 긍정적 강화기법 등을 배우는 것이 도움이 된다.

아동의 문제는 가족의 구조 문제, 문제해결을 위한 전략, 부모가 반항행동을 조장하지는 않았는지 등과도 관련된다. 만일 부모가 심한 심리적인 문제를 갖고 있고, 이것이 아동의 적대적 반항 행동과 관련된다면 부모도 치료를 받는 것이 좋다. ◈

2. 간헐적 폭발성 장애

1) 간헐적 폭발성 장애의 진단적 특징

간헐적 폭발성 장애에서 보이는 충동적인 공격적 행동폭발은 대개 급성으로 진행되어 공격적 삽화가 발작적으로 일어나며, 행동폭발은 전형적으로 30분 이하로 지속된다. 또한 이것은 매우 친하거나 가까운 관계의 사람에 의해 촉발된 사소한 자극에 대한 반응으로 발생한다. 공격적인 행동폭발은 대개 분노발작, 장황한 비난, 논쟁이나 다툼이 많다. 그보다 적지만 기물을 파괴하거나 다른 사람 혹은 동물에게 상해를 입히는 신체적인 폭행도 있을 수 있다. 폭발적 행동 전에는 긴장감이나 각성 상태가 먼저 나타나고, 행동을 한 다음에는 즉각적으로 안도감을 느끼게 된다. 그런 후에는 공격적 행동으로 인해 동요되고 후회하며 당혹스럽게 느끼게 된다. 간헐적 폭발성 장애의 사례를 보자(Ng & Mejia, 2011).

> 17살된 아이가 악몽을 호소했다. 잠을 자기 어렵고 악몽
> 때문에 하룻밤에 30~40번은 깬다는 것이다. 그리고 지난
> 6개월 동안 점점 화가 난다고 하면서, 화가 나는 데에 특별
> 한 이유는 없다고 하였다. 또한 보이는 사람은 누구든 칼 같
> 은 흉기로 잔인하게 죽이는 충동적인 생각이 반복해서 든다
> 고 하였다. 이런 생각이 항상 들어 학교에 가는 것도 어렵
> 고, 집을 떠나기 무섭다고도 하였다. 그전에 화가 나 가구를
> 부순 일은 있지만, 그동안 문제를 일으키거나 싸움질을 한
> 적은 없었다.

간헐적 폭발성 장애의 핵심 특징은 전형적으로 공격적 행
동폭발을 유발하지 않는 주관적인 촉발자극에 대한 반응이라
는 점과 충동적인 공격행동을 통제하지 못한다는 것이다. 즉,
보통 사람이 그렇게 화를 내지 않을 일로 화를 폭발한다. 공격
적 행동 폭발은 계획적이고 의도적이라기보다 충동적이고 분
노에 의해 유발된다.

폭발적인 삽화와 삽화 사이의 기간에 일반화된 충동성이나
공격성의 징후가 나타날 수 있다. 자기애성, 강박성, 편집성,
또는 정신분열성 성격 특징을 가진 사람이 스트레스를 받았을

간헐적 폭발성 장애의 진단기준 (DSM-5; APA, 2013)

A. 공격적인 충동을 통제하지 못해서 보이는 반복적인 행동폭
발로, 다음의 항목 중 하나를 특징적으로 보인다.

1. 언어적 공격성(예: 분노발작, 장황한 비난, 논쟁이나 언
어적 다툼) 또는 재산, 동물, 타인에게 가하는 신체적 공
격성이 3개월 동안 평균적으로 일주일에 2회 이상 발생
함. 신체적 공격성은 재산 피해나 재산 파괴를 초래하지
않으며, 동물이나 다른 사람에게 상해를 입히지 않음.

2. 재산 피해나 파괴 그리고/또는 동물이나 다른 사람에게
상해를 입힐 수 있는 신체적 폭행을 포함하는 폭발적
행동을 12개월 이내에 3회 보임.

B. 반복적인 공격적 행동폭발 동안 표현된 공격성의 정도는
정신사회적 스트레스 요인에 의해 촉발되거나 유발되는 정
도를 심하게 넘어선 것이다.

C. 반복적인 공격적 행동폭발은 미리 계획된 것이 아니며(예:
충동적이거나 분노로 유발된 행동), 유형적인 대상에만 한
정된 것이 아니다(예: 돈, 권력, 친밀감).

D. 반복적인 공격적 행동폭발은 개인에게 현저한 심리적 고통
을 유발하거나, 직업적 또는 대인관계 기능에 손상을 주거
나, 경제적 또는 법적 문제와 관련된다.

E. 생활연령은 적어도 6세 이상이다(또는 6세에 상응하는 발
달단계 수준).

F. 반복적인 공격적 행동폭발이 다른 정신질환으로 더 잘 설
명되지 않으며(예: 주요우울장애, 양극성장애, 파괴적 기분
조절부전장애, 정신병적 장애, 반사회성 성격장애, 경계선

성격장애), 다른 의학적 상태(예: 두부 외상, 알츠하이머병)나 물질(예: 남용약물, 치료약물)의 생리적 효과로 인한 것이 아니다. 6~18세 아동의 경우에 적응장애의 일부로 보이는 공격적 행동을 이 진단으로 고려해서는 안 된다.

> ＊**주의점:** 반복적이고 충동적인 공격적 행동폭발이 주의력결핍 과 잉행동장애, 품행장애, 적대적 반항장애, 자폐 스펙트럼장애들에서 보일 수 있는 정도를 초과하고 독립적인 임상적 주의가 요구될 때 상기 진단에 더해서 간헐적 폭발장애를 추가적으로 진단내릴 수 있다.

때 분노를 폭발적으로 분출하기 쉬우며, 이로 인해 직업 상실, 정학, 이혼, 대인관계의 어려움, 사고, 입원, 투옥을 겪을 수 있다.

때로 이들에게서 서파와 같은 비특정적인 뇌파나 글자 거꾸로 읽기의 어려움과 같은 신경심리적 검사에서의 이상 반응이 나타난다. 또한 충동적이고 폭발적인 일부 사람의 뇌척수액에서 세로토닌 대사의 변화가 발견되기도 하였다. 그러나 이러한 소견과 간헐적 폭발성 장애 사이에 특정한 연관성이 있는지는 분명하지 않다.

충동적인 사람을 대상으로 한 신경검사에서 대뇌 기능상의 문제가 나타나기도 한다. 예를 들어, 비대칭적인 운동이나 거울동작을 제대로 못하는 것과 같은 가벼운 증상이 나타날 수 있다. 또 말을 느리게 하거나 말하는 속도를 조절하지 못하기도 한다. 신경학적 장애의 과거력인 대뇌 손상, 의식불명의 삽화, 소아기 열경련 등이 보이기도 한다. 그러나 공격적 행동이 진단 가능한 일반 의학 상태의 직접적인 생리적 효과라고 판단된다면 일반 의학 상태로 인한 정신장애로 진단해야 한다. 예를 들어, 대뇌 외상으로 인한 성격변화, 공격형으로 진단할 수 있다.

폭발적으로 공격적인 행동을 하는 경우는 많지만 간헐적 폭발성 장애로 진단되는 경우는 드물다. 간헐적 폭발성 장애가 발병하는 시기는 대개 청소년 후기인 10대 후반에서 30대까지 정도로 생각된다. 이 장애가 발병하는 양상은 대개 갑작스러운 경우가 많다. 일반적으로 어떤 정신장애가 일어나기 전에 그 장애의 조짐이 나타나는 시기를 전구기라고 하는데, 간헐적 폭발성 장애의 경우 이와 같은 전구기 없이 나타나는 경우가 많다.

◆ 간헐적 폭발성 장애의 감별 진단

공격적인 행동은 다른 많은 정신장애에서도 일어날 수 있다. 따라서 공격적인 행동을 했을 경우 이 행동이 간헐적 폭발성 장애로 인한 것인지 아닌지를 잘 구별해야 한다. 간헐적 폭발성 장애라는 진단을 내리기 위해서는 공격적 충동이나 행동이 나타날 수 있는 다른 정신장애들을 고려해야 한다. 공격적 행동이 섬망이나 치매 중에만 일어날 수 있는데, 이때는 간헐적 폭발성 장애의 진단을 내리지 않는다. 의학적 문제로 인한 성격변화로 공격적인 행동을 하는 경우도 간헐적 폭발성 장애 진단에서 제외한다. 예를 들어, 자동차 사고를 당해서 뇌손상이 일어나고 그 이후에 공격적인 폭발성 성격변화가 나타나는 경우에는 공격성이 뇌손상으로 인해 일어났을 가능성이 크다. 이런 경우는 그 사람에 대한 자세한 과거력과 철저한 신경검사가 진단에 도움을 줄 수 있다.

알코올, 코카인과 같은 마약 혹은 다른 흥분제, 바비튜레이트, 흡입제 등과 관련되어 폭발적인 공격행동이 일어나는 경우에는 물질중독이나 물질금단으로 진단한다. 만일 적대적 반항장애, 품행장애, 반사회성 성격장애, 경계선 성격장애, 조중 삽화, 정신병적 상태 같은 정신장애의 필수 증상이나 부수적 증상으로 공격적 행동이 나타나는 것이라면 별도의 간헐적 폭발성 장애로 진단하지 않는다.

목표 지향적 공격행동은 간헐적 폭발성 장애와는 달리 특수한 동기와 이득을 얻기 위해 공격적인 행동을 하는 것이다. 예를 들면, 법정에서 책임을 회피하기 위해 일부러 공격적인 행동을 보이는 경우가 있다. 이런 경우에도 역시 간헐적 폭발성 장애로 진단하지 않는다.

2) 간헐적 폭발성 장애의 원인

이와 같은 간헐적 폭발성 장애는 어떻게 일어나는 것일까? 간헐적 폭발성 장애의 원인에 대해서 뚜렷하게 알려진 바는 별로 없지만, 가능한 설명 중 하나로 환경요인이나 심리사회 요인을 생각해볼 수 있다. 이 설명은 어떤 사람이 어렸을 때 부모 혹은 다른 사람들로부터 학대를 받거나 무시를 당한 것이 장애의 원인이 될 수 있다고 본다. 즉, 그 사람의 가족 양상이 폭력적일 경우 유력한 원인이 될 수 있다.

그러나 폭력 혹은 공격적인 행동의 발생 및 양상은 단순히 심리적 요인이나 사회적 요인만으로는 설명할 수 없는 매우 복잡한 문제다. 여기에는 유전적 요인이나 뇌나 신경기관 등이 물리적으로 손상된 경우와 같은 기질적 요인, 혹은 생리적 요인이 같이 작용하여 복잡한 상호작용을 나타낼 수 있다.

예를 들어, 중추신경계에 눈에 띄게 확연한 기질적 손상이 나타나지 않는다고 하더라도 높은 안드로겐 수준과 같은 호르몬 요인 또한 공격적 행동에 매우 중요한 요소가 된다. 공격적 행동을 할 수 있는 유전적 취약성을 타고난 경우에도 간헐적 폭발성 장애의 원인이 될 수 있다. 이런 기질을 선천적으로 타고난 사람은 스트레스를 유발하는 요인에 대한 통제력이 약하

기 때문에 일반적이고 평범한 스트레스에도 폭력적인 공격행
동 같은 부적절한 반응을 보일 수 있다.

간헐성 폭력행동은 종종 다른 정신병리 상태와 관련된다.
예를 들면, 기분장애나 성격장애 등은 폭력행동과 종종 관련
된다. 또한 앞서 말한 대로 기질적 요인으로 인해서 폭발적인
공격행동이 반복해서 일어날 수 있다. 이런 기질적 요인으로
는 발작장애가 있는 경우, 머리에 손상을 입은 경우, 신진대사
나 호르몬에 장애가 있는 경우, 중추신경계에 질병이 있는 경
우, 알코올이나 마약을 지나치게 복용하는 경우, 미세하지만
두뇌 기능에 손상이 있는 경우 등을 들 수 있다.

3) 간헐적 폭발성 장애의 치료

간헐적 폭발성 장애를 치료하는 방법에는 어떤 것이 있을
까? 간헐적 폭발성 장애는 매우 드물기 때문에 치료에서도 체
계적인 연구가 이루어지지는 않은 상태다. 최근에는 심리치
료보다 공격성과 관련한 약물치료에 대한 연구가 증가하고 있
는 추세다. 비공식적인 연구결과에 따르면 리튬, 카르바마제
핀, 페니토인, 벤조다이아제핀, 프로프라놀 등이 효과를 보였
다고 한다.

최근 연구자료에 따르면 신경전달물질인 세로토닌이 비정

상적으로 과다분비되었을 때 공격행동이 나타날 수 있다고 한다. 일반적으로 한 신경에 자극이 오면 신경전달물질은 그 신경의 끝부분에서 분비되어 그다음 신경에 자극을 이어주는 역할을 하고, 다시 원래 신경으로 재흡수된다. 이때 세로토닌이 원래 신경으로 재흡수되는 것을 차단하면 세로토닌의 분비가 줄어 공격행동을 감소시킬 수 있을 것으로 보인다. 따라서 세로토닌의 재흡수를 차단하는 것이 공격행동에 대한 유용한 임상적인 치료방법이 될 것으로 제안되고 있다.

이와 같은 치료방법에도 불구하고, 일반적으로 공격행동이나 폭력행동은 치료가 상당히 어려운 편이다. 임상적인 방법으로는 고치기가 어렵기 때문에 최후의 방법으로 신경외과에 외과적 수술을 의뢰할 수도 있다. 외과적인 수술은 다른 치료방법으로는 고치기 어려운 행동적 장애, 특히 공격적 장애를 치료하는 데 좋은 효과를 보이는 것으로 알려져 있다. ◆

3. 품행장애

1) 품행장애의 진단적 특징

청소년 범죄는 2006년 전체 범죄 인원 대비 3.6%를 기록한 후 2008년 5.5%까지 증가했다. 그러던 중 2009년 다소 감소 경향이다가 2010년에는 4.6% 결과를 보였다. 그러나 2009년 부터 감소한 것은 「소년법」 개정으로 소년범의 범위에서 19세 가 제외되었기 때문이며, 실제 소년인구의 감소에도 불구하고 소년범죄는 계속 증가하는 실정이다.

청소년기에 흔히 진단되는 심리장애 중 주변에 심한 피해를 주고 지속해서 물의를 일으키는 것이 품행장애conduct disorder로, 흔히 말하는 '문제아' '비행청소년'이라고 하는 아이들이 여기에 해당한다. 품행장애는 반사회적·공격적 행위를 반복하고 지속해서 행하여 학업 및 사회적 기능에 중대한 지장을 초래하는 장애다. 품행장애 청소년은 소위 '비행행동' 이나 폭력, 방화, 절도, 거짓말, 가출 등과 같이 난폭하거나 무책임한 행동을 통해 타인을 고통스럽게 하는 행위를 반복한다. 외국 학술지에 실린 사례를 보자(Hirsh & Scheffield, 2006).

9살 난 S는 반사회적 행동 때문에 여러 차례 전학을 해야했다. S는 6세 때부터 깨진 병과 벽돌을 가지고 싸우기 시작했다. 작년에는 이웃의 고양이를 훔쳐서 고양이에 휘발유를 붓고 불을 붙여 이웃을 경악케 했다. 왜 그랬는지 묻자 "재미있을 것 같아서"라며, "고양이들이 불 속에서 하는 행동을 보는 것이 좋았다"고 하였다. 자기가 하고 싶은 대로 하지 못하게 했다고 교사에게 죽이겠다고 위협을 하기도 했다. 최근 벽돌로 사촌의 얼굴을 때린 일이 있고 나서 가족은 S의 공격적인 행동을 더 이상 통제할 수 없어 정신과 병원에 입원시켰다. S는 병원에 입원해서도 의료진에게 자기 요구를 들어주기를 강요하며 화를 냈다.

S의 어머니는 S가 태어난 후 아이를 돌보지 않아 양육권이 박탈됐고, 이후 S는 엄마를 2번밖에 만나지 못했다. S는 아버지와 할머니의 손에 자랐는데, 아버지는 마약 관련 범죄로 교도소를 드나들었다. S가 6세까지는 별 문제가 없는

것 같았지만, 6~7세경부터 공격적이고 성적으로 부적절한 행동을 보이기 시작했다. 지능지수는 정상이었으나 학교 성적도 갑자기 나빠지기 시작했다.

국가건강정보포털 의학정보에 실린 다음 사례는 좀 더 전형적이다.

15세 소녀 민주는 어느 날부터 1년 동안 연락이 되지 않았다. 12세 때부터 안 좋은 친구들과 어울려 지내면서 일찍 담배와 술을 배웠고, 학교 공부는 등한시했다. 엄마와 아빠는 이혼을 해서 민주는 할머니와 한동안 살다가 나중에 엄마와 살게 되었는데, 엄마는 곧 재혼을 했고 새아빠와 의붓형제들 사이에서 민주는 서서히 겉돌게 되었다. 친구들과 어울려 다른 아이의 돈을 뺏다가 걸려서 담임교사에게 엄마가 불려가기도 했는데, 엄마는 이 이야기를 듣고 집으로 돌아와 민주를 심하게 때리면서 "네가 친아빠를 닮아서 손버릇이 안 좋다"는 폭언을 하기도 했다.

다음 날 민주는 처음 집을 나가서 이틀간 친구 집을 전전하다가 엄마에게 붙잡혀 돌아왔다. 돌아와 더 심한 체벌을 받고 나서 한동안은 잠잠한 듯했다. 중학교에 진학해서도 민주는 좋아지지 않았다. 공부는 거의 하지 않았고, 동네의 비슷한 언니들과 어울려 늦게까지 돌아다녔으며, 주말에는 거의 집에 들어오지 않는 생활을 하다가 결국 어느 날 짐을 싸서 가출을 한 후 연락이 끊어졌다.

엄마가 핸드폰으로 연락을 했으나 가입해지가 된 상태였다. 실종신고를 했지만 추적이 되지 않는 상태로 1년을 보내던 어느 날 부모는 민주의 연락을 받았다. 심한 복통으로 병원 응급실에 갔는데 보호자가 필요하여 연락이 온 것이었다. 검진 결과 자궁외 임신과 심한 자궁내막염이 있었다. 수술이 끝나자마자 바로 가출을 할 것이 분명해보여 걱정이 된 부모는 정신과와 산부인과가 같이 있는 병원으로 전원을 요청하였다. 그리고 곧 민주는 정신과로 입원하게 되었다. 입원 후 면담을 해보니 민주는 그동안 가출 후 유흥가에서 호객행위 등을 하고 돌아다니며 비슷한 십대 가출 청소년들과 집단생활을 하였고, 이후 유흥가에서 나이를 속이고 취직해서 돈을 벌어왔다고 했다.

학교와 얘기가 잘 되어 민주는 항생제 치료가 모두 끝나는 시기까지 입원한 후 학교생활을 다시 하기로 약속하고 퇴원하게 되었다. 다시 가족과 생활하면서 핸드폰 번호도 바꾸고, 예전 핸드폰도 없애 예전에 어울리던 아이들과는 모두 관계를 끊기로 약속했다. 처음 2번은 외래를 왔으나 그 후 방문하지 않게 되었고, 1개월 후 어머니가 무단결석

에 대해 해명할 진단서를 끊기 위해 찾아와서 그간의 자초
지종을 털어놓았다. 어머니는 민주가 다시 학교를 가지 않
고 예전에 알던 언니들과 인터넷을 통해 연락하게 되면서
결국 집을 나간 후 현재까지 연락이 되지 않는다며 답답함
을 호소하였다.

품행장애로 진단되기 위해서는 다른 사람의 기본 권리를
침해하거나 나이에 적합한 사회적 규범을 어기는 행동 양상이
지속적으로 반복되어야 한다. 사회적으로 용납되지 않는 행
동을 지속하는 것이 품행장애의 주된 증상으로, DSM-5에서
는 크게 4가지의 문제행동, 즉 사람과 동물에 대한 공격, 재산
파괴, 사기나 절도, 중대한 규칙위반을 규준으로 하고 있다.
이들의 비행이나 공격성은 가족뿐만 아니라 대인관계 전반에
서 나타날 수 있으며 가정과 학교, 사회에서 나타난다. 심리적
관점으로는 품행장애로 보지만, 사회적으로는 일탈행동
misbehavior, deviant behavior, 법률적으로는 청소년 비행juvenile
delinquency에 해당된다. 대한민국에서는 14세 이상 20세 미만
에 「형법」에 저촉되는 행위를 했을 때 범죄행위라고 하지만,
10세 이상 14세 미만에는 형사처벌을 하지 않고 촉법행위라
고 한다. 또한 범죄는 아니지만 범죄를 저지를 우려가 있다고
인정되는 행위를 우범행위로 규정한다. 품행장애는 1950년대

에 '청소년 비행juvenile delinquency'으로 불리며 소아기에 나타나는 행동장애로 간주되었고, 1990년대에 와서야 현재의 '품행장애conduct disorder' 용어를 사용하게 되었다.

품행장애는 아동기와 청소년기에 상당히 흔한 장애이며, 주로 청소년 초기에 처음 발현된다. 품행 문제는 학령기 아동에게서 16~22%로 나타난다. 18세 이하 남아의 6~16%, 여아의 2~9%에서 나타난다고 보고되며, 남성이 여성보다 4~12배 정도 더 많은 것으로 추정된다. 품행장애의 문제행동은 어느 날 갑자기 나타나는 것이 아니라 조금씩 그 강도가 강해진다. 보통 8세 이전에 시작되고 성장하면서 자연스럽게 사라지기도 하지만, 심하면 품행장애로 발전될 수 있다. 남아가 여아보다 증상을 먼저 보이기 시작해서 남아는 10~12세 사이, 여아는 12~14세 사이에 보통 처음 진단된다. 청소년기의 여성에게는 성적 일탈이 두드러지며 남성은 폭력적 성향이 두드러진다.

품행장애는 발병 시기에 따라 10세 이전에 문제행동이 나타나는 아동기 발병형childhood-onset type과 그 이후에 나타나는 청소년기 발병형adolescent-onset type이 있다. 10세 이전 아동기에 발병하면 예후가 좋지 않으며, 청소년기에 발병하면 나이가 들어서 반사회적 행동이 줄어드는 경향이 있다.

① 아동기 발병형: 발병 연령이 10세 이전이며 대개는 남아에게서 나타나고, 신체적으로 공격적 행동이 동반된다. 또래 관계에서도 장애가 있었던 경우가 많으며, 소아기에 반항장애의 병력이 있었던 경우가 많다. 아동기 발병인 경우에는 행동장애가 지속되는 경우가 많으며, 청소년기 발병형보다 성인기에 반사회성 인격장애로 이행될 위험성이 높다. 반항행동, 재산파괴, 공격적인 행동, 동물에 대한 잔인한 행동은 비교적 어린 나이에 흔히 나타나며, 거짓말, 도벽, 가출 등은 청소년기로 가면서 점차 증가하는 경향을 보인다.

② 청소년기 발병형: 10세 이전에는 행동장애의 병력이 전혀 없는 경우다. 아동기 발병형에 비하여 공격적인 행동이 적게 나타난다. 또래 청소년들과 어울려서 행동장애를 일으킬 수 있으나, 일반적으로 다른 청소년들과의 관계는 아동기 발병형보다 양호하다. 성인기에 반사회성 인격장애로 이행할 위험성이 아동기 발병형보다는 적다. 품행장애의 여성에 대한 남성의 비율은 아동기 발병형보다 청소년기 발병형에서 더 낮게 나타난다.

품행장애는 심각도에 따라서도 분류된다.

① 경미한 정도: 진단을 내리기 위해 요구되는 정도를 초과 하여 나타나는 문제가 매우 적고, 다른 사람에게 단지 가 벼운 해를 끼친다. 예를 들어, 거짓말, 무단결석, 허락 없 이 밤늦게까지 집에 들어가지 않는 것 등이다.

② 상당한 정도: 품행문제의 수와 다른 사람에게 해를 끼치 는 영향의 정도가 경미한 정도와 심한 정도의 중간이다. 피해자와 대면하지 않는 상황에서 도둑질하기, 기물 파 괴하기 같은 행동이 여기에 속한다.

③ 심한 정도: 진단을 내리기 위해 요구되는 정도를 초과하 여 나타나는 품행 문제가 많거나, 또는 다른 사람에게 심 각한 해를 끼친다. 예를 들어, 성적 강요, 신체적 잔혹함, 무기 사용, 피해자와 대면한 상황에서 도둑질, 파괴와 침 입 등이다.

품행장애의 진단에는 엄격한 기준이 필요하며 일회성일 경 우는 진단할 수 없다. 평가 시 언어표현력의 부족이나 환자의 적대적 태도 등으로 인해 면담이 쉽지 않을 수 있기 때문에 진 단을 내릴 때는 다양한 출처를 통해 정보를 보충하는 것이 필 수적이다. 부모와 교사를 통한 가정이나 학교에서의 행동 정 보뿐 아니라 동료, 친척, 또래 등 장기간 알고 지낸 사람들의 보고를 고려해야 한다. 품행장애로 신단뇌기 위해서는 행동

문제가 사회적 · 학업적 · 직업적 기능에 임상적으로 심각한 장해를 일으켜야 한다. 만일 18세 이상일 경우 반사회성 인격 장애의 진단기준에 맞지 않아야 한다.

아동기에 시작된 품행장애 문제가 성장 후 삶의 과정에서 반드시 계속되는 것은 아니고, 시간이 지나면 사라지기도 한다. DSM-5에서는 친사회적 정서가 제한된 경우with limited prosocial emotions에 이를 명시하도록 되어 있는데, 12개월 이상 다양한 대인관계나 사회적 장면에서 이러한 특성을 2개 이상 보이는 경우다. 이처럼 냉혹하고 감정이 없는 특성을 가진 경우에는 더 만성적인 경과를 보이기 쉽다.

① 후회나 자책감 결여: 잘못을 저질러도 기분이 나쁘다거나 죄책감을 느끼지 않는다. 이때 붙잡히거나 처벌을 받는 상황에서만 양심의 가책을 표현하는 경우는 배제해야 한다. 자신의 행동으로 인한 결과에 대해 염려하지 않는데, 예를 들어 다른 사람을 다치게 하고도 자책하지 않는다.

② 냉담하거나 공감의 결여: 다른 사람의 감정을 무시하거나 신경 쓰지 않는다. 대개 다른 사람들이 이들을 차갑고 무정한 사람이라고 한다. 자기가 다른 사람에게 상당한 피해를 주는 경우에도 자신이 타인에게 미친 영향보다

는 자기 자신에게 미치는 영향에 더 신경을 쓴다.

③ 수행에 대한 무관심: 학교, 직장 또는 다른 중요한 활동
에서 자신이 저조한 수행을 보이는 것을 개의치 않는다.
심지어 충분히 예상할 수 있는 상황에서도 좋은 성과를
보이기 위해 노력하지 않으며, 자신의 저조한 수행을 다
른 사람의 탓으로 돌린다.

④ 피상적이거나 결여된 정서: 피상적이거나 가식적이고
깊이가 없는 정서를 제외하고는 다른 사람에게 자신의
기분이나 감정을 드러내지 않는다. 아니면 얻고자 하는
것이 있을 때만 정서를 표현한다. 예를 들어, 다른 사람
을 조종하거나 위협할 목적으로 감정을 표현한다.

◆ 품행장애의 감별 진단

일반적으로 ADHD와 반항성 장애에서 품행장애와 발달적
반사회적 행동이 자주 발생한다. 학습장애가 있을 경우 학습
문제가 학교에서 좌절감을 느끼게 하고 적대적 태도와 나쁜
행동을 유발할 수 있다. 또한 우울 및 불안과 같은 내면화 문
제도 공병으로 알려져 있다.

품행장애 아동은 충동적 행동양상을 보이는데, 자신의 즉
각적인 반응들을 억제할 수 없거나 행동하기 전에 생각할 수
없는 것처럼 보이고, 너무 빨리 반응하거나 자주 대화를 방해

하며, 기다리기 어려워하고 다른 사람의 행동을 방해하고, 당황하게 하면 좌절하여 심하게 욕설을 하는 경향이 있다.

품행장애 아동은 다른 사람들과의 공감대가 매우 부족하고 다른 사람들의 감정, 소망, 안정에 관심이 전혀 없다. 특히 애매모호한 상황에서 다른 사람의 의도를 실제보다 적대적이고 위협적인 것으로 오해하며, 이에 따라 공격적으로 반응하고, 그리고 나서는 자신이 정당하고 합리적이라고 느낀다. 대개는 냉담하며 죄책감이나 자책감이 결여되어 있다. 그러나 처벌을 줄이거나 모면하기 위해 죄책감을 표현하기 때문에 그들이 표현하고 있는 죄의식이 진실한 것인지 아닌지를 평가하는 것은 어렵다. 그들은 계속해서 친구를 괴롭히고 자신의 잘못을 다른 사람 탓으로 돌리려고 한다. 그들은 남에게 '강인한 인상'을 주고자 하지만 흔히 자신감이 부족한 상태에 있다. 낮은 좌절 인내력, 자극받기 쉬운 과민한 상태, 폭발적인 기질, 무모함이 흔히 동반된다. 사고율도 높게 나타난다. 품행장애는 흔히 어린 나이에 성행위, 음주, 흡연, 불법 약물 사용, 무모하고 위험을 초래하는 행동이 동반된다. 불법 약물 사용으로 인해 품행장애가 지속될 위험성은 증가한다.

문제행동은 휴학 또는 퇴학, 직업 적응 문제, 법적 문제, 성병, 예기치 않은 임신, 사고나 싸움으로 인한 신체적 손상을 가져온다. 정상적인 학교 출석을 못하게 하고 가정이나 입양

품행장애의 진단기준 (DSM-5; APA, 2013)

A. 다른 사람의 기본적 권리나 사회적 규범을 위배하는 행동 패턴이 지난 12개월 동안에 다음의 15개 기준 중 3개 이상으로 나타나야 한다. 그중 한 개 이상의 기준은 지난 6개월 이내에 나타나야 한다.

• **사람과 동물에 대한 공격성**
  1. 자주 다른 사람을 괴롭히거나 위협하거나 협박한다.
  2. 자주 싸움을 건다.
  3. 다른 사람에게 심각한 손상을 일으킬 수 있는 무기를 사용한다(예: 곤봉, 벽돌, 깨진 병, 칼 또는 총).
  4. 사람에게 신체적으로 잔인하게 대한다.
  5. 동물에게 신체적으로 잔혹하게 대한다.
  6. 피해자와 대면한 상태에서 도둑질을 한다(예: 노상강도, 날치기, 강탈, 무장강도).
  7. 다른 사람에게 성적 행위를 강요한다.

• **재산 파괴**
  8. 심각한 손상을 입히려는 의도로 일부러 불을 지른다.
  9. 다른 사람의 재산을 일부러 파괴한다(방화는 제외).

• **사기 또는 절도**
  10. 다른 사람의 집, 건물, 차를 파괴한다.
  11. 물건이나 호감을 얻기 위해, 또는 의무를 피하기 위해

거짓말을 흔히 한다(예: 다른 사람을 속인다).

12. 피해자와 대면하지 않은 상황에서 귀중품을 훔친다(예: 파괴와 침입이 없는 도둑질, 문서 위조).

• **중대한 규칙 위반**

13. 13세 이전에 부모의 금지에도 불구하고 밤늦게까지 집에 들어오지 않는다.

14. 친부모 또는 양부모와 같이 사는 동안 적어도 2번 가출한다(또는 오랫동안 돌아오지 않는 1번의 가출).

15. 13세 이전에 시작되는 무단결석.

B. 행동장애가 사회적, 학업적 또는 직업적 기능 영역에서 임상적으로 현저한 손상을 초래한다.

C. 18세 이상일 경우, 반사회성 성격장애의 기준에 부합되지 않는다.

가정에서 살아가는 것을 불가능하게 만든다. 자살에 대한 생각, 자살 시도도 높은 비율로 발생한다. 품행장애는 학업 수행, 특히 독서나 다른 언어적 기술이 나이와 지적 능력에 비해 기대되는 수준보다 낮은 경우가 많다. 품행장애 아동의 지능에 관한 연구를 보면 비행과 낮은 지능은 높은 상관을 보인다고 하며, 특히 언어적 지능이 낮은 것으로 나타났다. 품행장애

🔑 품행장애 체크리스트

1. 다른 사람을 괴롭히고 협박하고 위협한다.
2. 싸움을 자주 한다.
3. 싸울 때 몽둥이나 돌 같은 무기를 사용한 적이 있다.
4. 타인을 배려할 줄 모른다.
5. 동물에게 잔인한 행동을 한다.
6. 친구들의 돈을 강제로 빼앗은 적이 있다.
7. 부모나 교사에게 대들고, 지시와 기대에 따르는 것을 거부한다.
8. 누군가에게 피해를 주려고 불을 지른 적이 있다.
9. 의도적으로 다른 사람의 기물을 파괴한다.
10. 다른 사람의 집이나 건물, 차에 침입한 적이 있다.
11. 거짓말을 잘 한다. 원하는 것이나 도움을 얻으려고, 또는 의무를 피하려고 거짓말을 한다.
12. 가게 또는 친구들의 물건을 훔친 적이 있다.
13. 밤늦게까지 집에 들어오지 않은 적이 있다.
14. 가출을 한 적이 있다.
15. 학교에 무단결석을 한 적이 있다. 조퇴나 무단 외출을 자주 한다.
16. 잘못된 행위에 대한 죄책감이 거의 없다.

는 학습뿐 아니라 ADHD, 우울, 불안장애, 약물 남용 등 여러 증상과 함께 나타날 수 있다.

품행장애가 있는 남성은 자주 싸움, 도둑질, 공공기물 파손, 학교규율 문제를 보인다. 품행장애가 있는 여성은 거짓말, 무단결석, 가출, 물질남용 및 성매매 같은 문제를 더 보이는 경향이 있다.

2) 품행장애의 원인

품행장애의 원인은 매우 다양하게 제기되고 있는데, 한 가지가 아니라 매우 다양한 원인에 의해 발병된다. 유전적 요인은 반사회성 성격장애나 알코올중독 등의 질환을 가진 부모에게서 유전되는 경우로, 유전만으로는 설명할 수 없고 가족환경적 요인과 생물학적 요인이 함께 작용하는 것으로 알려져 있다. 신경생물학적 요인은 세로토닌 이상이나 성호르몬 이상, 전두엽 활성화 차이 등이 원인이 되어 발병하는 것으로 알려져 있는데, 특히 공격적인 경향의 품행장애에서 이 요인이 두드러진다. 사회인지적 요인은 인지 결함이나 인지 왜곡인데, 이 부분은 심리치료를 통해 교정해야 할 부분이다. 또한 가족환경적 요인은 이혼이나 재혼, 양육자의 변화 등의 가족구조 변화와 가족 내 스트레스, 부모의 범죄 성향과 부모의 정신병리 등이다. 사회적으로는 이웃과 학교, 대중매체의 영향이 요인이 될 수 있다.

(1) 생물학적 원인

반사회성 성격장애를 가졌거나 알코올과 같은 물질을 남용하는 부모의 자녀에게서 품행장애가 발생할 위험성이 높다. 그리고 품행장애 아동의 가족에서 반사회적 성격, 물질남용, 기분장애, 정신분열증, 학습장애와 기타 행동문제가 많다고 보고되고 있다. 하지만 대부분의 연구자는 유전만으로 품행장애의 원인을 설명할 수 없으며 환경적 요인과 기타 생물학적 원인이 동시에 작용한다고 결론내리고 있다.

유전적 요인의 연구를 보면, 일란성과 이란성 쌍둥이, 형제 등 가족력이 있는 경우에 품행장애 발생률이 높다(APA, 2000). 품행장애의 발생 원인에 유전적 요인을 포함하긴 하지만 정확한 유전자 전달기제는 알려져 있지 않다. 19번과 2번 염색체가 품행장애의 위험인자가 있는 유전자를 포함하고 있고, 2번 염색체는 알코올 의존과도 연관되어 있으며, 이들 유전자는 아동기 품행장애가 성인기 알코올 의존문제로 진행하는 것과 관련성이 있다(Dick et al., 2004).

기질이란 태어났을 때 이미 존재하고 아주 어린 시절부터 분명하게 나타나는 성격특성이다. 기질에는 유전적인 경향이 있고, 나이가 들면서 나타나는 행동 문제와 기질은 연관이 있다. 3세 때 힘든 기질을 보이는 아이는 적절한 개입이 없으면 행동장애를 보이고, 17세경에 보호시설에 갈 만큼 심각하게 증상이 나타날 수 있다(Bagley & Mallick, 2000).

생화학적 요소로 노르에피네프린norepinephrine과 세로토닌 serotonin 같은 신경전달물질의 변화가 나타난다. 세로토닌은 내측 시상하부 중추에 존재하는 신경전달물질로서, 세로토닌 이 모자라면 우울과 불안 등이 생긴다. 일반적으로 남성의 성 호르몬과 단백동화 스테로이드로 노르아드레날린 기능이 떨 어지면 주의산만과 집중력 결핍, 충동성, 공격성이 나타날 수 있다. 일부에서는 세로토닌의 기능 이상과 충동성의 연관성 을 보고하기도 한다. 또한 높은 테스토스테론 수치는 청소년 의 일탈행동과 관련이 있다.

최근의 연구에서는 10세 아동의 뇌파 속 전두엽 활동성이 정서지능, 공격성, 규칙 깨기와 연관성이 있다고 보고했다. 전두엽의 뇌파활동은 정서의 조절과 연관되는 것으로 간주된 다. 외향적인 행동이 두드러지는 아이들의 경우에는 우측 전 두엽 뇌파활동성이 상대적으로 강하게 발견되었고, 남아가 정서지능이 낮았으며 공격성도 두드러졌다.

(2) 생화학적 원인

공격적이고 난폭한 행동을 보이는 아동과 청소년의 경우에 게서 신경학적 이상을 보이는 경우가 많다. 품행장애 아동과 청소년은 정상 통제집단에 비해 신경학적 증세, 부주의 등 신경심리학적 결함과 경련성 질환을 가지는 경우가 많이 보고되고 있다. 공격적 행동의 정도는 신체적 학대의 과거력, 대뇌 및 안면 손상, 신경학적 이상 소견, ADHD, 출산 시 문제와 상관관계가 있다고 한다. 극단적으로 난폭한 아동의 경우 심각한 학습과 의사소통의 문제가 있으며, 정상 통제집단에서는 1% 이하로 나타나는 간질이 약 20%에서 가지고 있고, 60%에서는 정신병적 증세를 보인다는 연구결과도 있다.

(3) 심리사회적 원인

일반적으로 공격성, 파괴적인 행동, 거짓말, 도벽 등을 특징적으로 나타내는 품행장애는 1946년 휴이트Hewitt와 젠킨스Jenkins가 처음으로 정의한 이후로 현재까지 많은 연구가 이루어져 왔는데, 19세기 후반부터 시작된 비행에 관한 초기의 연구들은 비행을 체질적-유전적 이론, 모방이론 및 학습이론들로서 이해하려고 시도하였다. 하지만 최근에는 그 어느 하나의 이론만으로는 비행을 명확히 설명할 수 없다고 본다. 생의 초기에 부모는 아동에게 안정감을 주고 앞으로의 인간관계를 맺는 데 기초가 되는 정서적 · 물질적 · 정보적 지지를 제공해 주는 등 큰 영향을 끼치지만, 아동 중기에 접어들게 될 경우 중요한 인간관계인 친구관계가 가정 밖에서 이루어지기 때문에 가족은 기본적인 지지의 제공자로만 남게 된다. 결국 품행장애 문제는 그 발생 원천이 가정일 수는 있지만 그 후 교우관계, 집단사회생활 그리고 사회문화적 분위기에 의해 증가 또는 감소된다고 하겠다. 집단은 아동의 성장 발달에 매우 중요한 영향을 미친다. 또래는 인간관계를 맺고 유능감과 기술을 익히는 데 중요한 역할을 하며, 아이가 평생 적응하는 데도 영향을 미친다. 아동기에 또래와의 관계가 부족한 경우 일탈행동과 연관을 보일 수 있다. 또래에게 거절당하면 공격성이 생기고, 이로 인하여 부적응행동이 나타나는 등 악순환이 생긴다(Ladd, 2006). 비행청소년과 어울리는 것도 문제가 된다.

사회문화적 요인으로는, 도시에서 경제적으로 하위수준에 있는 집안의 아이가 품행장애가 생길 위험이 높다. 부모가 실직상태, 사회적 지지망이 결여된 상태, 거주지역의 공동체에 결속력이 낮거나 공동체에 참여하고 있다는 의식을 지니고 있지 못할 때 품행장애가 생길 위험이 높다. 청소년기에 일찍 술을 마시기 시작하는 것과 공격적이고 일탈행동을 하는 것은 의미 있는 연관성을 갖는다. 술과 습관성 약물 자체가 품행장애를 일으키는 것은 아니지만 위험 요소임은 분명하다.

가족요인으로는 부모의 거부나 부적절한 의사소통 패턴, 일관성 없는 훈육과 심한 체벌, 유년기의 보호 및 교정시설 거주, 부모의 결혼생활 갈등과 이혼, 보호자가 자주 바뀜, 아버지의 부재, 반사회성 성격장애나 알코올 의존이 있는 부모 등이 있다. 심하게 학대하고 체벌하거나 폭언을 일삼는 부모 밑에서 자란 아이는 나중에 공격적인 행동을 일삼을 위험이 있다. 부모의 이혼이 원인이 될 수도 있지만, 이혼 자체보다는 그로 인해 생길 수 있는 헤어진 부모 사이의 갈등, 다툼, 후회, 냉소적 공격성 등을 반복해서 지속적으로 보이는 것이 더 중요한 요인으로 파악되고 있다. 부모가 우울증, 반사회성 성격장애, 알코올 문제와 같은 정신장애가 있거나 아이를 방치 또는 유기했던 경험이 있다면, 그로 인해 아이에게 품행장애를 일으킬 수 있다. 정신분석적으로는 부모의 반사회적 욕망을 무의식적으로 행동화한 것이 아이에게 품행장애로 나타난다는 가설을 세우기도 한다. 가정환경 자체가 폭력적이고 혼란스러울 때 아이는 충동을 억제하는 역할 모델을 경험하지 못하기 쉽다. 부모가 항상 싸우고 폭언을 주고받는 것을 보면서 아이는 그런 모습을 학습하고, 반대로 충동을 억제하는 성숙한 모델을 내재화시키지 못하게 되는 것이다. 그리고 자기 욕구가 충족되지 못한 채 항상 결핍된 상태로 지내며 욕구불만이 되고, 자존감이 낮고 타인의 정서를 공감하는 능력을 발달시키지 못하게 된다.

3) 품행장애의 치료

치료는 약물치료와 심리치료뿐 아니라 법적인 처리나 가족 교육, 사회와 학교에서의 협조 등을 포함하여 이루어진다. 그렇기 때문에 장소도 매우 다양하다. 또한 조기발병일수록 경과가 좋지 않고 성인기의 성격장애로 이어질 가능성이 높기 때문에 예방 프로그램이 강조된다. 증세가 가벼운 경우에는 진로지도를 통해 적응을 도울 수 있다. 하지만 소아기에 발병하게 되면 후에 반사회성 성격장애나 물질관련장애로 바뀔 수 있어 경과가 좋지 않다. 또한 다른 장애, 예컨대 기분장애, 불안장애, 신체형장애, 물질관련장애 등과 같이 나타난다면 경과가 좋지 않고 신체적으로 위험이 있다.

치료는 이러한 경과 상태나 환경적 요소, 발달력, 가족력 등을 고려하여 이루어져야 한다. 처벌성 훈육은 치료에 도움이 되지 않으며 조기발병의 경우는 10세 정도까지 차도가 없으면 치유 확률이 거의 없다고 본다. 또한 집단치료는 비행행동을 모방 또는 학습하거나 비행행동을 더 당연시하게 되어 오히려 증상이 악화되는 경우도 있으므로 일반적으로는 잘 하지 않는다. 그러나 소년원이나 입원치료와 같이 통제된 환경에서는 집단치료가 허용된다.

약물치료는 강조되는 경향에 따라 항우울제, 리튬, 항경련

제, 베타차단제, 각성제, 항정신병약 등을 투여한다. 심리치료는 인지행동치료와 행동치료가 사회기술훈련이나 행동개선에 효과가 있다. 또한 가족치료나 부모교육 및 부모상담을 병행하면 도움을 줄 수 있다.

품행장애는 예방이 매우 중요한데, 부모나 가족환경, 학교, 사회환경 등의 위험인자를 파악하고 회복인자의 극대화를 파악해야 한다. 그리고 예방프로그램의 활용도 필요하다.

품행장애에 잘 적용되는 단일 치료법이 있는 것이 아니므로 가능한 모든 방법을 동원하는 복합적인 치료가 권장된다. 가족과 지역공동체의 역할도 품행장애를 치료하는 데 중요하다. 긍정적이고 사회적으로 용인되는 행동, 또 공격적인 언행이 아닌 적절한 말과 행동을 할 때 긍정적 피드백과 적절한 보상을 해주는 행동요법이 효과적이다. 치료의 목표는 문제행동의 종류를 줄이는 것, 거짓말과 물건 훔치기와 같은 나쁜 행동을 없애는 것이다. 그리고 사회기술훈련, 가족교육과 혼란스러운 가족 간의 갈등을 치유하는 가족치료를 병행하는 것이 좋다.

일부 연구에서는 병원과 같은 치료시설만큼 학교에서 시행하는 사회기술 및 문제해결능력 교육이 문제행동과 공격성을 줄이는 데 효과적이었다는 보고도 있다. 학교 내 폭력과 공격적 행동을 줄이는 것도 중요한 목표 중 하나다.

안전한 학교 환경을 조성하고 안정적 체계 안에서 아이가 지낼 수 있도록 외부환경을 만드는 것이 필요하다. 충동적이고 자기조절능력이 떨어지기 때문에 강력하고 안정적이며 단단한 지지구조를 외부에서 만들어 제공하는 것이 문제행동을 통제하는 데 효과적이다.

부모가 우울증과 같은 기분장애, 알코올 문제, 부부갈등과 같은 문제가 있을 때에는 이에 대한 치료를 병행하는 것이 아이의 품행장애 치료의 효율성을 높이는 데 필수적이다. 가족이 아이에게 위해하다고 판단될 수준으로 혼란스럽고 문제가 있다면 경우에 따라 아이를 안정적인 쉼터나 다른 주거시설로 옮기는 것도 문제행동의 악순환에서 벗어나게 하는 데 도움이 된다.

개인심리치료는 문제행동을 교정하고 긍정적 사회기술을 습득하는 데 포커스를 맞춘다. 치료는 일찍 시작할수록 효과적인데, 문제행동이 시작된 지 오래되었을수록 고착되어 있을 확률이 높아 치료 역시 더 어렵게 만들기 때문이다. 공격성이 뚜렷한 경우에는 약물치료가 도움이 될 수 있다. 소량의 항정신병약물이 공격적 행동을 줄일 수 있다. 최근에는 항정신병약물이 품행장애의 문제행동과 공격성을 줄이는 데 효과적이라 보고되었다. 양극성 정동장애가 동반되었거나, 그렇지 않더라도 리튬이나 카바마제핀 같은 기분안정제가 공격성을 줄이는 데 도움이 된다고 알려져 있다. 정동의 불안정, 짜증, 충동성을 줄이는 데 선택적 세로토닌 재흡수 억제제가 도움이 된다는 보고가 있다. ADHD, 학습장애나 기타 기분장애와 같은 동반질환이 함께 있는 경우 이에 대한 적절한 약물치료를 병행하는 것이 필요하다. ◆

4. 방화증

1) 방화증의 진단적 특징

방화증pyromania은 그리스어로 불을 뜻하는 'pyro'에서 유래되었다. 방화증 또는 병적 방화는 '동기 없는 방화'라고 한다. 대개는 견디기 힘든 긴장감을 줄이기 위해서나 일시적인 기쁨 혹은 만족을 얻기 위해 방화를 한다. 그러나 불을 지른 동기가 무엇인지 알 수 없다는 정의를 가지고 방화증의 진단을 내리는 것은 문제가 될 수 있다. 실제로 어떤 개인적 목적을 가지고 불을 지른 방화범이 때로 자신에게 불을 지른 어떤 동기가 있다는 것을 인정하면 자신의 범죄 사실마저 인정하는 결과가 되기 때문에 자신의 동기를 부인하는 경우가 있다. 이렇게 방화범이 자신의 동기를 인정하지 않는 경우에 이러한 방화증에 대한 정의를 사용하면 방화범은 방화증이 되게 된다. 이로 인

방화증의 진단기준 (DSM-5; APA, 2013)

A. 사전에 미리 계획을 세우고 특정한 목적이 있는 방화를 한 번 이상 한다.

B. 불을 지르기 전에 긴장이 되거나 흥분이 된다.

C. 불에 대해서, 그리고 불과 관련되는 상황에 대해서 매혹을 느끼거나 흥미를 느끼고, 호기심과 함께 이끌린다. 예를 들면, 불을 지르는 도구나 불을 질렀을 때의 상태, 또는 불을 지르고 난 뒤의 결과에 대해 많은 관심을 보인다.

D. 불을 지르거나 또는 남이 불을 지르는 것을 볼 때 기쁨이나 만족감 또는 안도감을 느낀다.

E. 경제적인 이익을 위해서, 사회정치적인 이념을 구현하기 위해서, 범죄 현장을 은폐하기 위해서, 분노나 복수심을 표현하기 위해서, 생활환경을 개선하기 위해서, 망상이나 환각에 대한 반응으로, 또는 치매나 지적장애, 알코올 중독이나 마약 중독으로 인해서 판단력에 장애가 왔기 때문에 불을 지르는 것이 아니어야 한다.

F. 품행장애, 조증 삽화 또는 반사회성 성격장애로 인해 불을 지르는 것이 아니다.

해서 방화증에 대한 많은 초기 자료가 왜곡되어 해석되었다.

방화증이 있는 사람은 대개 불과 관련해 비상한 관심을 가지고 있다. 불과 관련된 기사를 수집하거나 불과 관련된 그림을 모으기도 하고, 소방관련 물품을 구입하기도 한다. 이웃집에 불이 나면 항상 구경을 하는 전문적인 '불구경꾼'이며, 때로는 소방수를 보기 위해 가짜 경보를 울리기도 한다. 소방서나 소화기와 같이 불과 관련된 시설 및 기구를 보거나 소방수를 보면 기쁨과 일종의 흥분을 느낀다. 방화증 중에는 동네 소방서에서 한참 시간을 보내는 사람도 있고, 소방서와 어떤 관계를 만들기 위해 불을 지르는 사람도 있다. 심지어는 나중에 소방수가 되는 사람도 있다. 방화증은 불을 지르고 나서 불이 타오르는 광경을 보거나 건물이 점차 타들어가는 광경을 보는 것에서 기쁨과 만족감을 느끼고, 불을 지르기 전까지 높아졌던 긴장이 낮아지는 것을 경험한다. 장기적으로 보았을 때, 방화를 하기 전 스트레스가 많았다는 보고도 있다.

"친구들과 미끄럼틀도 같이 타고 공놀이도 함께 하고 싶었는데 친구들은 피하거나 놀리기만 할 뿐 아무도 같이 놀아주려 하지 않았어요."

친구, 가족에게서 따돌림을 당해 대화와 놀이 상대가 없자 집 근처에 주차된 승용차 등에 7차례에 걸쳐 불을 질러온 김모 군이 밝힌 범행 동기다. "동생(7)도, 학교와 동네 친구들도 모두 나를 공부도 못하는 바보로 취급했어요." 바보라는 소리가 죽도록 듣기 싫었다는 김 군은 "내가 왜 바보냐"고 따졌다.

김 군이 주택가에 세워둔 승용차, 쓰레기통 등에 불을 지르기 시작한 것은 지난달 19일. 길거리에서 주운 성냥으로 옆집 쓰레기통에 불을 질렀다. 다행히 주민들이 즉시 불을 꺼 다른 피해는 없었다. 김 군이 불을 질렀다는 사실이 알려지자 외할머니는 회초리로 김 군의 종아리를 때렸다. 그러나 이번 달 13일에는 놀이터 부근에 버려져 있던 봉고차에 불을 질러 모두 태워버렸고 20일에는 승용차에 불을 질러 시트를 태웠다. 김 군은 자신도 모르는 사이에 방화증이 된 것이다.

김 군은 특수학급에서 공부하는 학습장애 아동이다. 그래서 친구들은 그를 멍청이 바보라고 불렀다. 김 군의 아버지는 4년 전 정신질환으로 가출한 뒤 소식이 없고, 환경미화원으로 일하는 어머니는 아침 7시에 출근해서 밤늦게 귀가하기 때문에 얼굴을 보기도 힘들었다. 보증금 50만 원에 월세 7만 원짜리의 부엌도 없는 단칸방에서 할머니와 함께 네 식구가 가난에 시달리며 살았다. "제대로 입히고 먹이지 못한 것도 가슴 아픈데… 왜 바보 멍청이 취급을 합니까? 가난이 아이를 바보로 만들었을 뿐입니다." 어머니 이 씨의 절규에 가까운 항변이 코끝을 아리게 했다(중앙일보, 1991).

도벽증이 사전에 아무런 계획 없이 물건을 훔치는 데 반해서, 방화증은 사전에 충분한 준비를 하고 나서 불을 지른다. 방화증은 불을 지르는 것으로 인한 다른 사람의 부상이나 사망, 또는 경제적 손실에 무관심하다. 오히려 불을 지르고 기물을 파손하는 것에서 만족감을 느낀다. 따라서 다른 충동통제 장애에 비해 방화증이 일으키는 피해는 더 심각하다고 볼 수 있다. 그들은 다른 사람들에게 재산 손실과 같은 경제적 타격을 주며, 스스로도 법적인 문제를 일으킬 수 있는 것은 물론, 다른 사람에게 상처를 입히거나 생명을 잃게 만들 수도 있기 때문이다.

방화증은 매우 드물게 나타나는 것으로 알려져 있다. 방화증이 얼마나 자주 나타나는가에 대한 정보는 방화범을 다룬 연구를 기초로 얻을 수 있다. 그러나 방화범에 대한 연구들은 방화증을 대부분 방화범의 하위유형 중 하나로 간주하는 반면, 방화증에 대해서 심리학적으로 정확한 진단체계를 사용하지는 않기 때문에 이런 연구에서 나타나는 방화증이 다른 유형의 방화범과 제대로 구별된 사람들인지를 확신하기는 어렵다.

방화범에 대한 고전이자 가장 대규모의 연구로 루이스Lewis 와 야넬Yarnell이 1951년에 실시한 사례 연구를 들 수 있다. 이들은 남성 방화범 1,145명, 여성 방화범 201명에 대한 사례 연구를 실시했다. 여기서 남성 방화범이 여성 방화범보다 압

도적으로 많다는 점이 주목할 만하다. 남성 방화범의 방화 동기를 살펴보면 방화증(39%), 복수심이나 질투심(23%), 정신병(13%), 일용노동자나 노숙자(7%), 영웅심(6%), 도둑질(3%) 순으로 나타났다. 방화를 가장 많이 저지른 나이는 17세로 나타났다.

한편, 이들의 연구에서 방화 원인 중 방화증이 39%로 가장 높게 나타난 것에 대해서는 다시 생각해볼 필요가 있다. 이에 대해서 루이스와 야넬은 방화증으로 분류된 사람 대부분이 '불을 지르고자 하는 충동을 억누르지 못해서' 불을 질렀다고 하지만, 그들에게는 복합적인 동기가 있다고 보았다. 따라서 이들에게 방화증에 대한 정확한 진단기준을 적용한 것이 아니기 때문에 이들을 정확한 방화증으로 보기는 어려울 것 같다. 남성 방화범 가운데 48%는 지능수준이 심각한 지적장애 수준인 것으로 나타났고, 35%는 정상 수준의 지능에서 약간 낮은 정도였으며, 17%만이 평균 이상의 지능을 가지고 있는 것으로 나타났다.

다른 연구들은 방화증이 나타나는 비율을 더욱 드물게 보고한다. 한 연구에서는 체포되어 기소된 방화범 239명 중 54명(23%)이 방화증이었다고 보고하였고, 다른 연구에서는 방화범 26명 중 방화증은 없는 것으로 보고했다. 또 다른 연구에서는 34명의 방화범 중 오직 한 명만이 '방화증적인 특징을 약간 보이는 것으로' 나타났다. 북부 햄프턴 주립병원의 정신과 환자에 대한 연구에서 45명의 방화범 중 방화증은 한 명밖에 없었다고 보고했다.

DSM-I(1952)에서는 방화증을 불에 대한 강박관념이 있는 것으로 간주하고, 방화행동은 강박행동으로 보았다. 그러다 DSM-III(1984)에 와서 충동통제 장애에 포함되었다.

DSM-5(2013)에서는 방화증과 관련되는 다양한 특징을 기술하고 있다. 여기에는 알코올 중독, 심리성적 기능장애, 평균보다 낮은 수준의 지능, 만성적인 좌절 상태, 권위적인 인물에 대한 분노감, 방화에 뒤따르는 성적 흥분 등이 포함된다. 이와 같은 다양한 특징이 방화증 자체와 관련되는지, 아니면 보다 일반적인 방화범의 특징인지에 대해서는 좀 더 연구할 필요가 있다. 또 흔히 방화증과 함께 나타나는 장애로는 물질사용 장애, 도박장애, 우울 및 양극성 장애, 다른 파괴적, 충동조절 및 품행장애가 있다.

방화증으로 진단된 21명에 대한 사례연구(Grant & Kim, 2007)에서, 이들 대부분은 방화범의 법적 정의에 맞지 않았다. 이들은 욕실이나 쓰레기통, 뒷마당, 공터 등에서 '통제된' 불을 놓았고, 불을 지르는 것에 대해 쾌감을 느꼈다고 한다. 평균 6주에 한 번씩 방화를 했는데, 방화를 하고자 하는 빈도와 강도가 점차 증가한다고 하였다. 방화의 촉발 요인은 스트레스나 무료함이라고 하였다. 방화 후 즐거움이나 안도감을 느끼지만, 대부분은 심한 괴로움을 느낀다고도 했다.

방화증이 전형적으로 언제부터 시작되는지를 알려주는 자료는 부족하다. 불에 대한 관심은 대개 아이가 2~3세경이 되면 나타나기 시작한다. 그러나 이러한 호기심은 나이가 들면서, 그리고 불이 위험하다는 것을 확실하게 인식하고 나서 점차 줄어든다. 그러나 6~10세의 학령기 아동에게서 불에 대한 관심은 보편적인 것으로 조사된다. 보통 아이들이 불에 보이는 관심과 방화증으로 이끄는 과도한 관심은 구별이 확실하지 않고, 단순히 성냥을 가지고 논다고 해서 방화증의 증상으로 볼 수 없다. 그렇다고 해도 대부분의 외국 연구는 방화증이 주로 아동기와 청소년기에 나타난다고 보고하고 있다(Gale, 1998). 어렸을 때 불을 지르던 사람이 성장하고 나서도 불을 지르는지, 즉 소아기의 방화와 성인기의 방화가 관련되는지에 대해서는 알려져 있지 않다. 방화증이 있는 사람이 불을 지르는 빈도는 시간이 지날수록 점점 더 증가하는 것으로 알려져 있지만, 장기간에 걸쳐서 어떤 양상을 나타내는지는 알려져 있지 않다.

동년배보다 늦게까지 야뇨증이 있는 경우, 동물을 향한 잔혹함을 보이는 경우와 함께 방화는 '성인기의 폭력행동을 예측할 수 있는 어린 시절의 3가지 행동MacDonald triad' 중 하나로 간주되기도 하지만, 이것의 타당도는 의문시되고 있다.

◆ 방화증과 의도적인 방화의 구별

방화증은 어떤 목적이나 이득을 위해서 불을 지르는 것이 아니기 때문에 방화증과 의도적인 방화는 구별될 필요가 있다. 의도적인 방화의 목적은 매우 다양하다. 즉, 경제적인 이득이나 직무태만, 복수의 목적으로 불을 지를 수도 있고, 범죄현장을 숨기기 위해서 또는 테러나 저항행위와 같은 정치적인 목적으로 불을 지를 수도 있다.

어린아이의 방화는 대개 주변 사람들의 주의를 끌고 눈에 띄기 위해서나 도움 및 인정을 받기 위해서인 경우도 있다. 불과 관련해 안전의식이 결여된 경우도 있다. 청소년은 반사회적 태도로 인해서 또는 무료함에서 벗어나 자극을 추구하기 위해 방화를 하기도 한다. 의사소통용 방화도 있을 수 있는데, 이는 자신의 갈망과 소망, 욕구를 전달하기 위한 목적으로 불을 지르는 경우다. 토지보상에 대한 불만으로 사회적 이목을 끌기 위해 저지른 숭례문 방화 사건이 예가 될 수 있겠다.

다른 정신장애와 관련하여 품행장애나 조증 삽화, 반사회성 성격장애, 망상이나 환각에 대한 반응으로 불을 지를 수도 있고, 지적장애 또는 치매나 알코올 중독, 마약중독 환자들이 질병에서 야기되는 판단장애로 인해서 불을 지를 수도 있다.

2) 방화증의 원인

강박적인 방화로 대학생 때 정신과에 입원했던 한 경험자는 방화를 하는 심리에 대해 다음과 같이 이야기했다(Wheaton, 2001).

> "학교에 들어가기 전부터 불이라는 용어는 내 일부를 차지하고 있었죠. 여름부터 나는 불의 계절이 오기를 기다렸어요. 불 앞에서는 불안감을 일으켰던 버려진 느낌, 외로움, 지루함을 느끼거나 감정적으로 흥분되죠. 파괴와 혼돈을 보고 싶어요. 불이 꺼지면 슬퍼지고 화가 나서 또 불을 지르고 싶어요."

방화증의 경우 방화행동의 성적인 의미에 대한 논의가 많이 이루어지고 있으며, 방화증이 일어나는 원인에 대한 여러 이론 중 심리적 이론에서 가장 중심이 되는 것은 정신분석 이론이라고 본다. 정신분석 이론의 문헌들은 어떤 행동을 하는 데 있어서 그 안에 내재되어 있는 상징에 대해 논의하면서, 불은 "지옥불"부터 "불 같은 정열"에 이르기까지 많은 상징을 가지고 있다고 하였다. 불에 대한 다양한 상징은 방화증에 대한 정신분석적인 해석에서 찾을 수 있다.

스테켈(Stekel, 1924)은 방화증에 대한 사례보고 연구에서, "자신의 성적 욕구를 항상 인식하고 있으면서 성적 욕구가 충족되지 않는 사람들은 자신의 성적 본능과 현실 간에 충돌이 일어나는 것을 막을 수 있는 해결책을 찾으려고 한다."고 하면서, 방화증의 경우 성적 욕구를 해소하기 위한 출구로 불을 지르게 되는 것이라고 강조했다.

프로이트(1932)는 불의 상징적 의미를 다음과 같이 밝혔다. "불이 일으키는 따뜻한 느낌은 성적인 흥분 뒤에 일어나는 감각과 비슷한 감각을 일으킨다. 그리고 불꽃의 모양이나 움직임은 남성의 성기를 연상시킨다."

페니켈Fenichel도 불의 가학적이고 파괴적인 상징적 의미를 강조한다. 루이스와 야넬은 복수심이 방화증의 내면에 존재하는 중요한 동기라고 주장한다. 복수, 증오, 시기 질투, 사랑하는 대상에게 거부당한 것에 대한 반응으로 불을 지른다고 보기도 하고, 과거에 일어난 어떤 일에 대한 무의식적인 복수로 불을 지른다고 보기도 한다. 사회적 · 신체적 · 성적 열등감에 대한 분노로 불을 지른다고 보기도 한다. 이들은 사람을 향해 직접 공격성을 보일 수 없기 때문에 불을 지르는 것으로 공격성이 전치된다는 것이다. 그럼으로써 환경에 영향을 주고 자존심을 지킨다. 방화범이나 방화증이 있는 사람들은 반사회적 특성도 많이 갖고 있는 것으로 알려져 있다.

겔러Geller는 불을 지르는 행동을 사회적으로 대인관계를 맺는 능력이 별로 없는 사람이 다른 사람과 의사소통하고자 하는 방식으로 볼 수도 있다고 하였다.

이 외에도 많은 주제가 방화증을 설명하는 데에 사용되고 있는데, 권력과 명성에 대한 갈망이 방화로 표현되기도 하고, 청소년의 경우 방화가 부모에 대해 권력을 얻는다는 의미를 지니기도 한다. 또는 부모와의 관계와 관련지어서, 어렸을 때 아버지나 어머니와 관계가 좋지 않았을 경우 이러한 관계를 다시 회복하고자 하는 시도가 불을 지르는 것으로 표현될 수도 있다. 부모의 성관계 장면, 즉 원초경primal scene을 본 것에 대한 반응 또는 부모가 부정을 저지르는 것을 목격한 충격으로, 또는 어렸을 때 근친상간을 당한 경험에 대한 반응으로 불을 지를 수도 있다. 따라서 불을 지르는 행동은 자신을 도와달라고 하는 요청의 표시이기도 하며, 자신에게 중요한 사람들에게 관심을 받고 싶은 소망을 나타내는 것이기도 하다.

방화증에 대해 생물학적 원인을 들기도 한다. 남성 방화범에 대한 연구에서, 폭력범이나 일반인과 비교했을 때 남성 방화범에게서 뇌의 신경전달물질 중 일부 물질의 정도가 유의미하게 낮은 것을 발견할 수 있었다. 이와 같은 자료는 뇌의 생화학적인 분비가 반복적으로 불을 지르는 행동에 특정한 영향을 미칠 수 있음을 간접적으로 시사한다고 할 수 있다.

뇌의 기능적인 결함으로 인해 방화증이 되었을 가능성에 대해서도 생각해볼 수 있다. 그러나 방화증에 대해서 뇌의 통합성·구조·기능 등을 평가하고 이를 일반인과 비교하는 연구가 거의 없으므로 이에 대해서는 연구해볼 필요가 있다. 또한 일반적으로 지적장애나 알코올 중독 환자, 성 도착증 환자가 방화행동을 자주 보이므로, 불을 지르는 행동과 이와 같은 장애의 관련성에 대해서도 알아볼 수 있다. 경제가 어려워지거나 심한 스트레스로 인해 방화하는 경우도 많다.

최근 서울 강남에서 한 남성이 심야에 술집에 들어가 불을 내고서 손님의 지갑과 가방 등을 훔쳐 달아났다가 출동한 경찰에게 붙잡힌 사건이 있었다. 또한 23세의 한 젊은 남성은 지난 3월부터 8월까지 자신이 사는 인천광역시에서 무려 12차례에 걸쳐 불을 지른 혐의로 검거되어 조사 중이다. 이 남성은 경찰에서 "직장이 없어 스트레스를 받아오던 중, 불을 지르면 스트레스가 해소돼 이 같은 짓을 저질렀다."고 진술하여 주위 사람들을 놀라게 했다.

2011년 화재 통계에서 방화는 전체 화재 사건 43,875건 중 약 5%인 2,250건을 차지했다. 특히 화재 사망자 263명 중 30%인 79명이 방화로 사망하였으며, 전체 화재 피해액 2,565억 2천 8백만 원 중 방화로 인한 피해액은 3.4%인 88억

4천 4백만 원에 이르렀다. 특이한 점은, 우리나라의 방화 동기는 불만 해소, 가정불화, 정신이상 등이 주된 요인으로 나타나는 반면에 외국의 경우는 보험금 청구, 범죄 사실 은닉을 위한 방화가 주된 요인으로, 우리나라와는 차이가 있는 것으로 나타난다는 점이다.

방화 범죄란 과실에 의하여 화재가 발생하는 실화와 달리 사회적으로는 공공의 안전을 극도로 위협하는 범죄다. 우리나라의 경우에도 살인, 강도, 강간 등의 범죄와 함께 4대 강력 범죄의 범주에 속하는 것으로 분류되고 있을 정도로 위험성이 큰 범죄다. 또한 방화는 보험금 보상 또는 재산상의 이익을 목적으로 한 경우 그로 인한 경제적 여파가 적지 않다. 즉, 방화범죄는 전반적인 보험료 증가로 이어지고 개인 및 국가 경제의 부담을 가중시키는 주된 요인으로 작용한다.

글로벌 경제위기 이후 서민 경제의 개선이 더디어지면서, 최근 내가 아닌 타인에 대한 화풀이 형태의 방화는 급증 추세다. 복잡한 우리의 사회 환경에 기반을 둔 문제와 그로부터 파생되는 가치관의 혼란 문제가 이러한 현상을 부추기고 있는 것은 아닌가 한다. 따라서 사회 소외 계층을 포용할 수 있는 사회 환경의 개선과 바른 가치관의 정립이 시급하다고 본다. 방화 범죄의 통제 및 예방과 관련된 소방관서, 경찰관서 등의 행정기관과 사회단체가 시급히 방화 대책을 마련하고 이미 준비된 대책에 보다 진지한 노력과 깊은 주의를 기울여야 할 시점이 아닌가 한다. 바로 지금이다(현중수, 2012. 9. 4.).

3) 방화증의 치료

방화증도 다른 충동통제 장애와 마찬가지로 치료방법에 대한 과학적인 연구나 체계적인 자료는 거의 없다. 또한 방화범이 대개 알코올 중독이나 지적장애, 성도착증과 관련되어 있기 때문에 병적인 방화 자체의 치료에 대한 연구는 더욱 복잡해진다.

방화증에 대한 심리적 원인론이 정신분석 이론에 집중되어 있는 만큼, 치료방법 역시 정신분석적 이론의 관점에 의지하지만 방화범에 대한 정신분석치료가 쉽지는 않다. 왜냐하면 이들은 불을 지른 행동에 대한 책임을 지려고 하지 않고 부인을 하며 통찰력이 부족하기 때문이다. 그러나 치료적인 관계가 좋은 경우에는 이것이 행동을 변화시키려는 동기로 작용할수 있다. 대부분의 행동치료자는 방화범에 대한 치료방법으로 행동수정이나 혐오치료를 사용한다.

반복적으로 방화를 하는 아동이나 청소년을 치료할 때는

대개 이들의 가정환경이 혼란스럽기 때문에 사례관리 접근을
하는 것이 효과적이다. 가정의 스트레스와 부모의 훈육법 등
을 평가하기 위해서는 부모에 대한 면접이 필수적이다. 또한
인지적·정서적 문제를 다루기 위해 문제해결 기술, 분노관
리, 의사소통 기술 등 인지재구성법을 활용할 수도 있다. 아동
의 경우 가족치료적 접근이 효율적이다. ◆

5. 도벽증

1) 도벽증의 진단적 특징

도벽증을 가리키는 'kleptomania'는 고대 그리스어인 'klepto_{to steal}'와 'mania_{mad desire, compulsion}'에서 왔다. 따라서 강박적으로 훔치는 것이라 할 수 있다. 도벽증을 설명하는 데 있어서 가장 중요한 특징은 그 물건이 탐이 나서 또는 그 물건이 꼭 필요해서 훔치는 것이 아니라는 것이다. 도벽증이 있는 사람이 훔치고자 하는 물건은 일반적으로 보았을 때 별로 가치 있는 물건이 아니다. 그들에게는 물건을 살 만한 돈이 충분히 있으며 경제적으로 부족하지도 않은 경우가 많다. 즉, 돈이 없거나 돈이 필요해서 물건을 훔치는 것이 아니라는 것이다. 이들은 대개 물건을 훔친 후에 그 물건을 남에게 줘버리거나 버리게 되면서도 물건을 훔친다. 그러나 모든 도벽증에서 그

도벽증의 진단기준 (DSM-5; APA, 2013)

A. 개인적으로 쓸모가 없거나 금전적으로 가치가 없는 물건을 훔치려고 하는 충동을 억누르지 못하고, 물건을 훔치는 일이 반복해서 일어난다.
B. 물건을 훔치기 직전에 긴장감이 높아진다.
C. 물건을 훔치고 나서 기쁨이나 만족감, 안도감과 같은 것을 느낀다.
D. 분노나 복수심을 나타내기 위해 물건을 훔치는 것이 아니며, 망상이나 환각에 대한 반응으로 물건을 훔치는 것도 아니다.
E. 물건을 훔치는 행동이 품행장애, 조증 삽화, 또는 반사회성 성격장애에 의해 잘 설명되지 않으며, 따라서 이로 인해 물건을 훔친다고 보기 어렵다.

런 행동을 하는 것은 아니다. 간혹 훔친 물건을 모으는 사람들도 있고, 어떤 사람은 물건을 훔치고 나서 몰래 다시 제자리에 갖다놓거나 은밀하게 물건 주인에게 돌려주기도 한다. 결과적으로 보았을 때, 도벽증에게는 '훔치는 물건'이 중요한 것이 아니라 '훔치는 행동' 자체가 중요하게 되는 것이다.

도벽증이 있는 사람은 대개 체포될 위험이 높은 경우에는 물건을 잘 훔치지 않는다. 그러나 이 말이 그들이 신중하게 계획을 세우고 물건을 훔친다는 의미는 아니다. 도벽증도 충동

통제 장애 가운데 하나로, 이들은 갑작스레 일어나는 훔치고
자 하는 충동을 억누르지 못해서 물건을 훔치게 된다. 대개 도
벽증이 있는 사람이 물건을 훔칠 때는 도둑질을 미리 계획하
지 않으며, 체포될 위험성에 대해서도 충분히 고려하지 않고,
다른 사람의 도움을 받거나 협력하는 것이 아니라 자기 혼자
물건을 훔치는 경우가 많다.

도벽증이 있는 사람에게 가장 중요한 것은 물건을 훔치고
자 하는 충동이다. 이렇게 물건을 훔치고자 하는 충동은 이들
에게도 역시 자아 이질적이어서 불편하게 느껴진다. 또한 이
들은 물건을 훔치는 행위가 잘못된 것이고 의미 없는 것임을
잘 알고 있다. 도벽증이 있는 사람은 대개 물건을 훔치는 그
당시에는 체포에 대한 두려움을 별로 느끼지 못하지만 훔치고
난 뒤에는 체포되는 것을 두려워하고, 자신이 도둑질을 했다
는 사실에 대해서 우울해하거나 죄책감을 느낀다.

물론 물건을 훔치는 행동은 기분장애, 특히 주요우울장애
나 조증, 불안장애, 정신분열증, 섭식장애, 특히 신경성 폭식
증, 성격장애, 특히 반사회성 성격장애, 품행장애, 꾀병 등 다
른 정신장애에서도 나타날 수 있다. 특히 물건을 훔치는 문제
이기 때문에 이 문제가 드러났을 경우 법적인 문제, 가족과의
문제, 직업상의 문제, 개인적 문제 등 많은 문제가 발생하게
된다.

도벽증은 흔하게 나타나는 장애는 아니다. 한 조사에 따르면, 체포된 소매치기 중에서도 도벽증인 사람은 100명 중 5명이 채 안 되는 것으로 나타났다. 이렇게 본다면 확인되지 않은 소매치기나 도둑, 더 나아가서 일반적인 사람에게서 나타나는 비율을 고려해볼 때, 도벽증의 유병률이 매우 드물다는 것을 쉽게 생각할 수 있다. 또 이렇게 도벽증과 유사한 특징을 보이는 소매치기들의 진술 중 상당수가 구속을 피하기 위해서 도벽증의 전형적인 모습과 비슷하게 꾸며낸 것으로 보인다.

도벽증은 대개 16~20세의 청소년 시기 정도부터 시작하는 것으로 보이며, 점차 만성화되어가는 모습을 보인다. 그러나 4세 아이나 77세 노인의 경우도 있는 것으로 보고되고 있다. 성비로 볼 때, 도벽증은 남성보다 여성에게서 보다 흔하게 나타나는 것으로 알려져 있다. 도벽증이 있는 사람들 중 64~87%가 훔치다가 붙잡힌 경험이 있다고 한다. 평생 평균 3번은 잡힌다는 조사결과도 있다. 그러나 실제로 처벌을 받은 경우는 15~23%라고 한다. 도벽증이 있는 사람들은 죄책감에 괴로워하기도 하고 붙잡힐까 봐 두려워하기도 하지만, 치료를 받게 되면 자신의 행위가 경찰에 알려질까 봐 치료에 오지 않는다고 한다.

이들이 훔치는 물건은 주로 가정 잡화, 음식, 옷, 게임과 관련된 것이나 인형, 책 등 다양하다. 상점의 물건이나 친구, 친척의 물건을 주로 훔친다. 이들은 다양한 장소에서 훔치기보다는 같은 장소에서 같은 물건을 반복해 훔치는 경향이 있다고 한다.

도벽증이 있는 사람에게서는 물건을 훔치는 행동이 반복적으로 나타나지만, 물건을 훔치는 주기로 볼 때 이들을 3가지 유형으로 나눌 수 있다. 첫 번째, 물건을 훔치는 행동을 보이는 기간이 짧게 나타나다가 오랜 시간이 지난 후에 다시 물건을 훔치는 행동을 보이는 기간이 짧게 나타나는 것과 같이, 물건을 훔치는 행동이 산발적으로 나타나는 경우가 있다. 두 번째, 물건을 훔치는 행동을 보이는 기간이 길게 나타나고 약간 시간이 지난 후에 다시 물건을 훔치는 행동을 보이는 기간이 길게 나타나는 것과 같이 물건을 훔치는 행동이 삽화적으로 나타나는 경우가 있다. 세 번째, 물건을 훔치는 기간과 훔치지 않는 기간이 반복되면서 만성적인 양상을 나타내는 경우가 있다. 물건을 훔친 사실이 드러날 경우 대개 구속되거나 유죄 판결을 받게 된다. 도벽증은 체포되어 유죄 판결을 여러 번 받는데도 대부분 장애가 쉽게 없어지지 않는다.

R 씨는 주머니에 바닷가재 캔 3개를 숨겨서 가게를 나오다가 붙잡혔다. 그는 절도죄로 기소되었으나 이전 범죄 기

록이 없고 음식을 훔칠 만한 특별한 이유가 없다는 것이 판명되자 법원은 그의 정신 감정을 의뢰했다.

R 씨는 나이보다 젊어 보이고 깨끗한 옷차림을 한 42세의 남성으로, 결혼해서 두 아들을 두고 있으며 보험회사에서 15년 동안 근무했다. 그는 특별히 음식이 필요한 것도 아니었고, 실제로 해산물을 그다지 좋아하지 않았다. 그렇다고 누가 그에게 바닷가재 캔을 사달라고 부탁한 것도 아니었고, 그의 가족이 바닷가재를 즐겨 먹는 것도 아니었다. 또한 그의 지갑에는 바닷가재 캔을 사고도 남을 충분한 돈이 있었다. 그에게는 바닷가재 캔을 훔칠 만한 이유가 전혀 없었다.

그는 경찰서에서 자신이 몇 년 동안 이와 비슷한 절도 욕구를 계속 느껴왔다고 고백했다. 이런 절도 욕구는 대개 갑작스럽게 찾아왔고, 분명한 이유가 있는 것도 아니었다. 그가 훔치고자 하는 욕구를 느끼는 상황들은 비슷했다. 대체로 그는 가게에 있다가 갑자기 긴장감이 높아지는 것을 느끼면 가게에서 무언가를 집어 들어서 값을 치르지 않고 가게를 나와야만 긴장감이 사라지고 안도감이 들었다. 그가 훔친 물건들은 전혀 값비싼 것이 아니었고 특별히 필요하거나 가지고자 한 것이 아니었다. 그 자신도 이유를 모르면서 주로 해산물 캔을 훔쳤다. 도둑질을 한 지 얼마 지나지 않아서 그는 심한 죄책감을 느끼곤 했고, 다시는 그러지 않겠다고 굳게 결심했지만 2~3주가 지나면 번번이 다시 도둑질을 하곤 했다.

그와 그의 아내는 직업도 괜찮았고 경제적인 문제에 시달리는 것도 아니었다. 그는 가정이나 직장에서 자신의 훔치는 욕구와 관련되거나 훔치는 욕구를 일으킬 만한 특별한 스트레스를 받는 것도 아니었다. 그는 자신이 이렇게 '필요하지도 않고 사소한 물건들'을 훔치는 이유를 알지 못했다. 그리고 자신이 이러한 훔치는 욕구를 스스로의 힘으로 통제할 수 있기를 원했다.

R 씨는 충동통제 이외에는 별다르게 심각한 문제를 가지고 있지 않았다. 그러나 그는 지난 10여 년 동안 두세 달에 한 번씩, 밤에 자신의 아파트를 산책하다가 문득 긴장감이 높아지는 것을 느끼고 자신의 아파트 1층에 사는 여성을 훔쳐본 적이 있다고 했다. 이럴 때면 그는 긴장하고 어떤 흥분을 느끼기도 했지만 그것이 성적인 것은 아니었다고 주장했다. 그는 자신이 훔쳐봤던 여성에 대해서 자위행동을 하거나 성적인 공상을 하지는 않았으며, 그렇게 훔쳐보고 나면 이내 죄책감을 느끼곤 했다고 한다.

R 씨는 지난 2년 동안 자신의 삶에 대해서 어떤 공허함을 느껴왔다고 한다. 아이들이 독립해서 집을 떠날 날이 얼마

남지 않았고, 아이들이 떠나갔을 때 아이들의 자리를 메꿔 줄 만한 흥미나 취미도 없었다.

그는 때때로 "인생은 살 만한 가치가 없다"는 생각에 빠 져들기도 했지만, 그렇다고 해서 자살을 생각하거나 우울 증상을 보이는 것은 아니었다. 그는 도둑질을 하거나 훔쳐 보기를 하고 난 다음에는 죄책감이나 수치심을 느꼈지만, 그럴 때를 제외하고는 자신이 열심히 일하고 법을 지키는 사람이라고 생각했다.

R 씨는 외아들로, 아버지는 알코올 중독자였고 어머니를 학대하였다. 그와 그의 어머니는 아버지와 따로 떨어져 살 때가 많았으며, 그는 항상 어머니와 매우 가깝게 지내왔다. 성인이 되어서도 그는 대체로 어머니에게 순종적이고 어머 니를 잘 모시는 아들이었다.

앞의 사례는 DSM-IV에 제시된 도벽증 사례다. R 씨가 보 이는 이런 모든 행동은 도벽증의 전형적인 특징이라고 할 수 있다.

◆ 도벽증의 감별 진단

도벽증의 진단을 내리는 데 있어서 가장 중요한 것은 도둑 질이나 가게에서 물건을 훔치는 일반적인 소매치기 행동과 도벽중에서 보이는 훔치는 행동을 구별하는 것이다. 이를 구분하는 가장 중요한 기준으로는 2가지를 들 수 있다. 하나는 그 사람이 훔치는 행동을 미리 계획했는가 하는 사전계획성의 여부이고, 다른 하나는 그 사람이 물건이 꼭 필요해서 또는 물건이 금전적인 가치가 있기 때문에 훔쳤는가 하는 동기적인 문제다. 앞에서도 제시했듯이, 도벽증은 미리 계획을 하고 물건을 훔치지 않으며, 물건이 꼭 필요하거나 값어치가 있기 때문에 훔치지 않는다. 간혹 형사상의 구속을 피하기 위해 병적 도벽의 증상을 가장하여 물건을 훔치는 경우도 있다.

일부 개인, 특히 청소년의 경우 반항의 일환으로 또는 통과의례로 과감하게 물건을 훔치는 경우가 있는데, 도벽증의 다른 특징적인 양상이 없다면 이들을 도벽증으로 진단하지 않는다. 반사회성 성격장애와 품행장애가 있는 사람일 경우 물건을 훔치는 행동을 많이 보인다. 따라서 물건을 훔친 사람이 반사회성 성격장애나 품행장애의 다른 특징들을 함께 나타내는지 자세히 살펴보아야 한다. 조증 환자들이 조증 삽화 동안에 물건을 훔치거나, 정신분열증 환자가 망상 및 환각에 대한 반응으로 물건을 훔치고, 또 치매에 걸린 사람이 치매로 인해서 물건을 훔칠 수도 있으므로, 이를 잘 살펴서 종합한 후에 도벽증이라는 진단을 내려야 한다.

2) 도벽증의 원인

　도벽증의 자세한 원인은 아직 확실하게 밝혀지지 않고 있다. 여타 심리장애가 그러하듯, 도벽증의 원인도 크게 생물학적 원인과 심리적 원인을 함께 생각해볼 수 있을 것이다.

　먼저 생물학적 원인에 대해 살펴보면, 대개 뇌의 특정 부분이 손상되는 것으로 인해서 또는 신경학적인 이상으로 인해서 물건을 훔치는 행동이 나타나는 것으로 본다. 물건을 훔치는 행동과 더불어 서서히 진행하는 노년기 전 치매 양상을 보이는 33세의 남성을 연구한 결과, 신경학적으로는 정상이었지만 뇌촬영을 해보니 전두엽의 대뇌피질이 퇴화되어 있고 뇌측실이 커진 것이 발견되었다. 이 환자의 사례는 뇌의 구조적인 손상으로 인해 여러 가지 충동에 대한 조절 능력과 억제 능력이 떨어졌음을 보여준다. 이와 같이 충동성 또는 병적 도벽에 대한 생리학적인 설명은 과학적인 설명을 제공한다.

　도벽증에 대한 심리학적인 설명은 대부분 정신역동 이론에 기울어져 있다. 많은 정신역동 이론에서는 대개 도벽증에 대한 초점을 어린 시절에 두고 있다. 물건을 훔치는 행동이 아동기에 잃어버린 애정과 쾌락의 대체물을 찾기 위한 것이기도 하고, 나아가 자신에게 고통을 준 사람들에 대한 복수이기도

하다고 보았다. 훔치는 행동이 불안, 고통, 어린 시절의 유기
나 정서적 외상 경험에 대한 일종의 자아방어라고 보기도 한
다. 또 일부에서는 어렸을 때 성적인 욕구를 드러내지 못한 것
과 관련하여 성인이 되어서 성적 욕구를 분출하는 대체 수단
으로 물건을 훔치는 행동이 나타난다고 보기도 한다. 스테켈
은 도벽중이 있는 3명의 남성에 대한 정신분석을 논의하면서,
3명 모두 성적 에너지가 높으며 이런 자신의 성적 에너지를
운동 에너지, 즉 현재로서는 훔치는 행동으로 표출하고자 한
다고 하였다. 비슷하게 위틀스Wittels는 도벽중이 있는 사람들
은 성적으로 발달이 덜 된 사람들로, 사람들과 성적인 관계를
맺기보다 훔치는 것이 그들에게는 일종의 성생활이라고 하면
서, 여기서 느끼는 스릴이 아주 강력하여 치료를 받으려 하지
않는다고 하였다. 페니켈은 도벽중의 내면에 있는 무의식적
생각은 '네가 그것을 나에게 주지 않는다면, 내가 그것을 빼
앗겠다'라는 것이라고 했다.

기벤스Gibbens에 따르면, 훔치는 물건은 주로 쓸모없거나 아
주 사소한 것으로, 자신에게 뭔가 즐거움을 주는 사건을 만들
어내고자 하는 충동이 갑작스럽게 일어났기 때문에 물건을 훔
치는 것으로 보았다. 이는 마치 어린아이가 사람들의 관심을
끌기 위해 물건을 훔치는 것이나, 다른 사람을 괴롭게 만들기
위해 자기 자신에게 해로운 행동을 일부러 하는 것, 연극성 성

격장애에서 보이는 이차적 이득 등과 비슷하다. 자신을 과도하게 높이 평가하는 자기애적 성향에서 나타나는, 자존감을 이루고자 하는 시도로 보기도 한다.

도벽증에 대한 인지행동 모델은 조작적 조건화, 인지적 왜곡, 빈약한 대처기제 등으로 설명하고 있다. 물건을 훔친 후 부정적인 결과가 없었다면 그 행동이 긍정적으로 강화되어 재발할 가능성이 크다는 것이다. 행동이 계속되면 강력한 선행요인이나 유발자가 링크되어 행동연쇄가 형성된다. 이런 선행요인은 환경적인 것일 수도 있고, 인지적인 것일 수도 있다. 예를 들어, "나는 더 좋은 것을 가질 자격이 있어" "내가 할 수 있다는 것을 증명해야지" 등이 도벽증의 선행 인지가 될 수 있다는 것이다(Kohn & Antonuccio, 2002). 이러한 생각은 가족 간 불화, 경제적 곤란, 직업적 스트레스, 우울증 등으로 촉발될 수 있다. 즉, 스트레스 상황에 대처하는 방식으로 훔치는 행동에 의존하게 될 경우 이런 행동이 지속되며, 다른 대안적인 대처기제를 활용하지 못하게 된다.

도벽증이 있는 사람은 대개 어린 시절의 스트레스, 부부 갈등, 낮은 자존심을 보여, 훔치는 행위가 이러한 갈등과 관련될 가능성이 있다. 훔치는 행위를 심리사회적 스트레스와 관련 지은 연구를 보면, 조사대상 소매치기의 78%가 미약하거나 또는 일정 수준 이상의 심리사회적 스트레스를 느끼고 있는 것으로 나타났으며, 이 중 14%는 심각한 수준의 스트레스를 겪고 있는 것으로 나타났다. 따라서 스트레스를 느끼는 사람들이 모두 물건을 훔친다고는 보기 어렵지만, 심리사회적 스트레스가 물건을 훔치는 행동에 일정 정도 영향을 주는 것으로 보인다.

심리사회적으로 볼 때, 훔친다는 것은 금지된 행동을 몰래 한다는 스릴과 함께 특히 청소년에게는 또래들에게 영웅처럼 보일 수 있다는 점이 강화 요인이 될 수 있다.

3) 도벽증의 치료

도벽증은 보고된 사례도 많지 않고 연구도 부족하기 때문에 도벽증에 대한 치료방법 역시 그다지 알려져 있지 않다. 대부분의 환자에 대한 사례보고 연구들은 정신역동 이론 지향의 심리치료에 초점을 두고 있다. 체계적 둔감화나 혐오조건 형성, 사회적 수반성 변화 등의 행동치료도 도벽증 및 수반되는 행동문제에 유용한 것으로 보고되고 있다. 예를 들어, 훔치고자 하는 욕구와 짝지어 훔쳤을 때의 결과를 상상하도록 하는 것이다. 가령, 이때 감옥에서 보내는 시간과 같은 시나리오를 생생하게 말하도록 해서 불안을 야기한다. 약물치료로는 선택적 세로토닌 재흡수 억제제selective serotonin reuptake inhibitors: SSRIs나 항우울제 등의 약물이 효과적이라는 보고도 있다. ◆

일상 속의
충동통제 문제

3

1. 충동통제의 진단

　요즘 대한민국은 분노조절장애 왕국이라는 말이 나올 정도로 분노로 인한 사건들이 연일 보도되고 있다. 어린이집 보육교사가 급식시간에 김치를 남겼다는 이유로 네 살배기 아이가 나가떨어질 정도로 머리를 세게 가격한 사건, 중학생이 자신이 다니던 학교에 부탄가스 방화를 잇달아 시도한 사건, 층간소음이나 주차 문제로 말다툼을 벌이다 이웃을 살해한 사건, 운전을 방해했다는 이유로 상대 운전자를 위협하거나 폭력을 행사한 사건 등 한순간의 분노를 조절하지 못해 다른 사람에게 공격적인 행동을 보이는 반사회적 범죄가 끊이지 않고 발생한다.

　충동조절장애는 흔히 '분노조절장애'로 일컬어지고 있다. 건강보험심사평가원의 발표에 따르면 분노조절장애 환자 수가 2009년 3,720명이었는데 2013년에는 4,934명으로 증가해

4년 사이 32%나 늘었다고 한다. 2014년 경찰 조사에서도 전국의 폭력범 36만 6,000명 중 약 42%에 달하는 15만 2,000명이 순간의 분노를 참지 못해 '우발적'으로 범죄를 저지른 것으로 집계되었다. 이 같은 분노조절 문제는 모든 연령과 계층에 걸쳐 증가하고 있다. 최근 노년층의 범죄도 증가하는 양상을 보이고 있는데, 61세 이상 노년층에서 살인, 강도, 강간추행, 절도, 폭력의 5대 강력범죄 사건이 일어난 수가 2010년 7,965건에서 2014년 9,415건으로 18.2% 증가했다.

분노조절장애는 충동적 분노 폭발형과 습관적 분노 폭발형의 크게 2가지 양상을 보인다. 충동형 분노조절장애는 도저히 화를 참을 수 없어 분노가 폭발하는 것으로, 이러한 사람들을 흔히 다혈질이라고 한다. 습관적 분노조절장애는 어떤 목적을 달성하기 위해서 분노 표현 자체가 효과적이라는 것을 학습한 사람들로, 목소리가 크면 이긴다는 식의 경험을 통해 시간이 갈수록 분노 표출의 빈도가 커진다. ◆

2. 분노 다스리기

화나 분노는 스스로도 괴로움을 느끼는 감정이다. 이는 화 anger의 어원이 근심, 괴로움, 고통을 뜻하는 'angr anguish'라는 점에서도 유사성을 확인할 수 있다. 분노 rage 또는 격노 fury는 화보다 더 강력한 감정을 의미한다.

서양의 문화는 화가 나는 것을 표현하는 것을 긍정적으로 보지만, 우리 문화에서는 화가 날 때 "참을 인忍자를 새기라" 는 교훈처럼 화를 참는 것을 미덕으로 삼는다. 따라서 화를 직접 표현하기보다는 수동공격적으로 표현하거나 우울증, 화병 火病 또는 울화병鬱火病 같은 신체적 형태를 많이 보인다. 사실 분노는 내면 낼수록 점차 증폭되고 강화된다. 처음에는 소리를 지르던 수준에서 점차 물건을 던지고 사람을 때리는 수준으로 발전하게 된다. 그리고 그런 수준에 이르면 점차 스스로는 도저히 억제할 수 없는 상황에 빠지곤 한다.

사실 우리가 느낄 수 있는 많은 감정 중 화는 다루기 어려운 감정이다. 어떤 사람은 화를 너무 부정적으로 생각해서 화를 느껴서도 안 되는 것처럼 생각한다. 그러나 화가 나도 그렇지 않은 것처럼 억압하는 사람들은 아예 그 대상을 상대하지 않는 식으로 수동적으로 표현하기도 하고, 나중에 더 크게 화를 폭발시키기도 한다. 반면, 어떤 사람은 자기가 화가 난 것이 너무 당연하고, 자기를 화나게 만든 상대가 잘못했기 때문에 자기가 화를 내는 것이 정당하다고 여긴다. 우리나라는 전통적으로 화를 내거나 자기주장을 공격적으로 하는 것에 대해 부정적인 문화로, 윗사람이나 상사에게는 무조건 순종하는 것을 미덕으로 삼았다. 화를 참는 것은 화병이나 우울증을 야기할 수 있다. 그렇다고 화를 내는 것도 좋은 것은 아니어서, 화는 낼수록 더 커지게 된다. 화를 낼수록 더 쉽게 화를 내게 되고, 결국 스스로 억제할 수 없게 될 수 있다.

화란 무엇인가? 원래 화는 생존과 직결된 감정으로, 자기에게 위협이 가해졌을 때 방어하기 위해 화를 내게 된다. 상황이 자기에게 유리하지 않다고 느낄 때나 부당한 방식으로 공격을 당할 때 대개 화가 나게 된다. 또 사회생활에서 누가 자기를 배려하지 않았거나 자기의 욕구가 무시될 때도 화가 난다. 화 자체가 문제가 아니라 그것을 어떻게 조절해서 어떻게 행동으로 표출하는지가 중요하다. 적절한 때에 적절한 방법으로 자

충동조절장애의 자가진단

다음의 항목으로 자신의 분노조절 능력을 평가해보자.

1. 성격이 급하며 금방 흥분하는 편이다.
2. 내가 한 일이 잘한 일이라면 반드시 인정받아야 하며, 그렇지 못하면 화가 난다.
3. 온라인 게임에서 내 의도대로 되지 않아 화가 난 적이 여러 번 있다.
4. 내가 하는 일이 잘 풀리지 않으면 쉽게 포기하고 좌절감을 느낀다.
5. 타인의 잘못을 그냥 넘기지 못해 꼭 마찰이 일어난다.
6. 다른 사람들이 나를 무시하는 것 같고 억울하다는 생각이 자주 든다.
7. 화가 나면 상대방에게 거친 말과 함께 폭력을 행사한다.
8. 화가 나면 주변의 물건을 집어던진다.
9. 분이 쉽게 풀리지 않아 우는 경우가 종종 있다.
10. 내 잘못도 다른 사람의 탓을 하면서 화를 낸다.
11. 중요한 일을 앞두고 화가 나 그 일을 망친 적이 있다.
12. 분노의 감정을 어떻게 해야 할지 모르겠다.

　이 중 1~3개의 항목에 해당하는 사람의 경우는 어느 정도 감정조정이 가능한 단계이고, 4~8개에 해당하는 경우는 감정조정 능력이 약간 부족한 경우다. 또한 이 중 9개 이상에 해당하는 경우는 분노조절이 힘들고 공격성이 강한 경우이므로 전문가와의 상담이 필요한 단계다.

신이 화가 난 것을 잘 표현한다면 자기 욕구를 충족시킬 수 있
는 긍정적인 면도 있는 것이다.

화라는 감정과 화를 내는 행동을 좀 더 구분해본다면 자신
을 조절하는 데 도움이 된다. 화나는 감정에 대해서 "화가 날
만한 일인가?" "다른 일에 화가 나서 지금 이런 건 아닌가?"
등 분노 감정에 초점을 맞추어 객관적으로 생각해보는 과정을
거치는 것만으로도 화를 가라앉힐 수 있다. 그리고 나서도 화
가 난다면 어떻게 전달하고 표현할지 생각해보자.

분노조절 능력이 부족하다는 생각이 들거나 자가진단에서
해당사항이 많다면, 우선 자신의 문제를 인정하고 분노를 다
스릴 수 있도록 노력해야 한다. 화를 다스리는 문제는 누구에
게나 해당된다. 그리고 격렬한 운동하기, 음악 듣기, 목욕, 누
군가에게 이야기하기, 혼자 울기 등 누구나 자신만의 방법이
있을 것이다. 분노를 조절할 수 있는 다양한 방법 중에서 자신
만의 방법을 찾아보자.

1) 순간적인 화 다스리기

무엇보다 화가 나서 폭발하고 싶은 첫 번째 충동을 잘 조절
해야 한다. 차를 걷어차거나 벽을 때리거나, 누구에게 소리를
지르고 윽박지르고 싶을 때 이런 행동의 결과가 어떤 것을 가

져올지 생각해본다. 화를 가라앉히기 위해 다음의 방법을 추
천한다.

첫째, 화가 난 것을 알아채자마자 하고 있던 것을 멈춘다.
지금 이 상황에 곧바로 반응할 필요가 없다고 자신에게 되뇌
거나 잠시 숨을 고르고 숫자를 열까지 센다. 이것만으로도 좀
가라앉을 수 있다. 그 자리를 떠나거나 잠시 걷는 것이 도움이
될 수도 있다.

둘째, 화가 나는 것을 느끼고 바라본다. 적지 않은 사람들
이 화가 나는 것이 잘못된 것이라 생각하고 부인하고 싶어 한
다. 화가 나는 것은 화를 내는 것과 같은 것이 아니다. 감정을
느끼는 것과 행동하는 것은 완전히 다른 차원이다. 어떤 상황
에서는 화가 나는 것이 당연한 감정이고, 때론 화나는 것이 그
상황에서 적절하지 않더라도 화를 느끼는 것은 잘못된 것이
아니다. 화가 날 때는 대개 신체 증상을 동반한다. 신체의 어
느 부분이 불편한가? 머리나 배가 아픈가? 심장이 벌렁거리는
가? 어깨가 뻣뻣해졌는가? 화가 난 부위를 찾아내고 그것에
집중하면 화는 사라질 수 있다.

셋째, 깊이 심호흡을 한다. 숨에 집중하며 깊은 심호흡을
하는 것은 명상에서 흔히 쓰는 방법이다. 잠시 깊은 심호흡을
하는 것은 마음을 편안하게 하는 데 도움이 된다. 셋을 세면서
숨을 깊이 들이마시고, 셋을 쉬면서 참고 있다가 다시 셋을 쉬

면서 숨을 내쉰다. 숫자를 세는 데 집중하며, 숨을 들이쉴 때
는 허파 가득 숨이 차도록 하고, 숨을 내쉴 때는 허파에 하나
도 남아있지 않도록 완전히 내쉰다. 숨을 내쉬고 나서 잠시 쉰
뒤에 다시 숨을 들이마신다. 마음이 평온해지고 통제감을 찾
을 때까지 이 과정을 반복한다.

넷째, 마음이 편해지고 행복해지는 장소를 떠올려본다. 가
장 마음이 평화롭고 고요해질 수 있는 장소를 미리 생각해둔
다. 어린 시절 살던 동네에서 놀던 곳이나 조용한 숲길, 또는
자신이 상상하는 어떤 곳이든 좋다. 이제 그 장소의 모든 세세
한 부분을 그려본다. 빛이 어떻게 비치는지, 어떤 소리가 들리
는지, 기온은 어떤지, 날씨가 어떤지, 바람이 부는지, 공기는
어떤지, 어떤 냄새가 나는지 등. 그곳에 완전히 몰입해서 마음
이 고요해질 때까지 거기 머문다.

다섯째, 긍정적인 자기-말을 연습한다. 부정적으로 생각했
던 것에 대해 긍정적인 측면을 생각해본다. 운전하다가 화가
난 일이 있을 때 "저 멍청이 때문에 죽을 뻔 했잖아" 하고 화내
기보다 "받힐 뻔했군. 저 사람 응급상황이었나? 다행히 충돌
은 면했네. 나도 조심해서 운전해야지"라고 생각한다. 그리고
"이런 감정은 금방 없어질 수 있어" "나는 여기 휘둘리지 않을
만큼 강한 사람이야" 등 상황과 자신에 대한 긍정적인 말을 하
는 것도 도움이 된다.

이완훈련(relaxation training)

화가 나고 싸울 태세에 있으면 몸도 긴장 상태에 들어간다. 이와 반대로, 몸이 이완되면 마음도 편해진다. 긴장이완훈련 또는 점진적 이완법(progressive muscle relaxation: PMR)은 "긴장하면서 동시에 이완할 수 없다"는 가정하에 근육 이완을 통해서 마음의 평화를 얻는 것이다. 이완을 경험하는 것은 먼저 그 반대인 긴장을 경험하고, 그러고 나서 긴장하지 않는 상태를 느껴보면 더 쉬워진다. 매일 또는 정기적으로 연습하면 더 좋다.

1. 조용한 장소를 택한다. 좀 어두운 편이 좋고, 방해받지 않는 곳이어야 한다. 핸드폰도 꺼둔다.
2. 눕거나 편안한 의자에 앉는다. 옷은 느슨하게 하는 것이 좋다.
3. 온몸에 힘을 빼고 편안하게 한다. 우선 심호흡을 크게 몇 번 한다. 하나-둘-셋-넷 숫자를 세어가며 들이쉬고, 내쉬고, 잠시 멈춘다.
4. 이완하려는 부위에 집중한다. 우선 오른손에 힘을 주고 주먹을 꼭 쥔다. 손톱이 손바닥에 박혀 아플 때까지 최대한 힘을 쥐어짜 긴장을 느끼며 5초간 있는다. 그다음 주먹을 스르르 펴고 편안함을 느끼며 5초간 멈춘다. 다시 한 번 반복한다. 다음 왼손-양손의 순서로 한다.
5. 팔-이마-눈-혀-입-목-어깨-배-허리-다리-발가락 순으로 한다.
6. 사지를 쭉 뻗고 편안하게 숨을 들이쉬고 내쉰다. 편안한 상태에 머문다.

출처: Benson & Casey (2011).

여섯째, 신뢰할 수 있는 사람의 지지를 구한다. 화를 분출하는 데 도움이 될 만한 가까운 친구나 동료와 경험을 나눈다. 이때 자신이 무엇을 원하는지 분명히 하는 것이 좋다. 공감을 원한다면 처음부터 자신이 원하는 것은 공감이지 조언이나 도움을 원하는 것이 아니라고 분명히 밝힌다. 조언이나 도움을 원한다면 그렇게 말한다. 한없이 늘어지지 않도록 시간제한을 갖는 것이 좋다.

일곱째, 화내고 있는 자신이 유머를 가질 수 있게 노력한다. 조용해진 후에는 상황을 가볍게 보도록 노력한다. 유머를 갖는 것은 신체적인 변화도 이끈다고 한다. 가령, 누군가 자기 차를 추월했을 때 15초 더 빨리 가면서 경쟁에서 이겼다고 하는 것이 얼마나 위험하고 어리석은 것인지 생각해본다.

2) 만성적인 화 다스리기

첫째, 운동을 한다. 운동할 때 나오는 엔도르핀은 스트레스를 완화시키고 신체에서 화를 분출해주기 때문에 화가 났을 때 운동을 하면 좋다. 그리고 정기적으로 운동하는 것도 정서를 조절하는 데 도움이 된다. 운동을 할 때는 운동과 자신의 신체에만 집중하고, 최근에 일어난 일 등은 생각하지 않는다. 분노 조절에 좋은 운동으로는 달리기나 조깅, 근력운동, 자전

바디스캔(body scan) 명상

마음챙김(mindfulness) 명상에서 많이 사용하고 있는 바디스캔 명상을 알아보자. 바디스캔은 신체의 각 부분에 번갈아가며 주의를 집중시키면서 최대한 자신이 감지하는 감각을 자각하기 위한 것이다.

1. 방해받지 않는 조용한 곳에서 바닥에 매트나 천을 깐 후 등을 대고 편안하게 눕는다. 다리는 편안하게 벌리고 팔은 옆에 가지런히 둔다. 눈은 떠도 되고 부드럽게 감아도 된다.
2. 호흡과 신체 감각을 느껴본다. 먼저 몸이 바닥에 닿을 때의 감각과 압력을 느껴본다. 숨을 내쉴 때마다 더 깊숙이 가라앉는 느낌을 가지도록 한다.
3. 하복부의 신체감각에 주의를 기울인다. 숨을 들이쉬고 내쉴 때 하복부에 느껴지는 감각의 변화에 초점을 둔다. 몇 분 동안 이 감각을 느껴본다.
4. 의식의 초점을 왼다리-왼발-왼발가락으로 옮겨가며 차례로 집중한다. 발가락이 닿는 느낌, 따끔거림, 가려움, 따뜻함 등을 알아차리면서 감각의 특성을 느껴본다.
5. 숨을 들이쉴 때 호흡의 길을 살펴본다. 폐로 들어가서 복부를 지나 왼다리-왼발-왼발가락으로 지나가는 것을 느끼거나 상상해본다. 숨을 내쉴 때는 발가락-발-다리-복부-가슴-코를 통해 호흡이 나가는 것을 느끼거나 상상해본다. 이런 호흡을 몇 번 계속해본다.
6. 이제 의식의 초점을 왼발-발목-뼈와 관절로 확대한다.
7. 이런 식으로 왼다리 아래 종아리, 정강이, 무릎을 거쳐 왼다

리 윗부분까지 옮긴다.

8. 이제 의식의 초점을 몸의 다른 부분으로 이동한다. 오른다리, 골반, 등, 복부, 가슴, 손가락, 손, 팔, 어깨, 머리, 얼굴로 옮긴다. 각 부위에 부드러운 호기심을 가지고 신체감각을 세세히 자각한다.

9. 특정 신체부위에 긴장감이나 다른 어떤 강렬한 감각이 느껴지면 숨을 부드럽게 들이쉬면서 그 감각에 의식의 초점을 두고, 숨을 내쉬면서 가능한 그것을 내려놓는다.

10. 이런 방법으로 전체 몸을 '스캔'한 후, 잠시 몸을 하나로 느껴보면서 호흡이 신체의 안과 밖을 자유롭게 흐르는 것을 느껴본다.

바디스캔을 하다 보면 마음이 신체와 호흡에서 벗어나게 된다. 이러한 것도 자연스러운 것이므로 받아들이고, 다시 천천히 집중하려고 했던 신체부위로 주의를 돌리면 된다. 비판하지 않는 관찰자적인 태도를 갖는 것이 마음챙김 명상에서 중요하다. 바디스캔 도중 떠오르는 어떠한 생각이나 감정도 그냥 바라보고 흘러가게 한다.

출처: Benson & Casey (2011).

거 타기, 요가, 농구, 태권도 등 무술, 수영, 춤, 권투, 명상 등이 있다.

둘째, 밤에 잠을 충분히 잔다. 대개 성인은 7~8시간 자는 것이 좋다. 수면이 부족하면 건강상의 문제가 생길 수 있고 정서를 조절하기도 어렵다. 만성적인 수면 문제가 있다면 이를 개선해야 한다.

셋째, 분노 일기를 쓴다. 화가 난 것을 자세히 적는다. 감정을 자제하기 어려웠던 일이 있다면 어디에 있었고, 누구와 같이 있었는지, 그때 어떻게 느꼈는지, 무엇 때문에 화가 났는지, 어떻게 반응했고, 그러고 나서 어땠는지 적는다. 그리고 자신을 화나게 하는 사람, 장소, 일 등의 공통점을 찾아본다.

넷째, 분노 조절을 계획한다. 자신을 화나게 하는 단서를 찾아냈다면, 어떻게 대처할지 계획을 세운다. "이럴 때는 이렇게 한다"는 식으로 생각해둔다. 예를 들어, 시어머니가 아이들 양육에 대해 잔소리를 한다면 잘 듣겠지만, 결정은 자신이 한다고 생각한다. 화가 계속 나면 자리를 떠나거나 집으로 돌아온다고 생각해둔다.

다섯째, 화가 난 것을 표현하는 연습을 한다. 이때 상대방과 서로 입장이 다르다는 것을 유념해서 감정적이지 않게 사실만을 말하고, 요구하기보다 요청하는 방식으로 하는 것이 좋다. 말하지 않고 수동적으로 화를 내고 있는 것이나, 화를 폭발하는 식으로 표현하는 것은 좋지 않은 결과를 가져온다. 예를 들어, 일할 때 매일 음악을 크게 듣는 동료에게 이렇게 말할 수 있을 것이다. "일할 때 음악 듣는 걸 좋아하는 건 알겠는데, 집중이 잘 안 돼. 음악을 들을 때 이어폰을 사용해주었으면 좋겠어."

여섯째, 분노 조절 프로그램을 찾아본다. 집단에 참여하면 비슷한 사람들을 만나게 되어 동질감을 느낄 수도 있고 타인을 통해서 배울 수도 있다.

일곱째, 정신건강 전문가를 찾아간다. 분노가 커져 일상생활을 방해할 정도가 되거나 관계를 해칠 정도가 된다면 치료자에게 가는 것이 좋다. 전문가는 문제를 평가하고, 어떤 치료가 좋을지를 권고해줄 것이다. 문제의 근원을 찾아가는 심도 있는 심리치료를 받을 수도 있고, 경우에 따라서는 이완훈련, 대처기술이나 의사소통 훈련이 도움이 될 수도 있다. ◆

3. 분노 뒤에 숨은 취약함

충동을 통제하기 어려운 사람들이 분노하는 가장 큰 이유는 자신을 '무시'했다는 것이다. 정말 이것이 사실일 수도 있고, 그런 문제에 민감하기 때문에 과장되게 느끼거나, 또는 그렇지 않은데 피해의식 때문에 스스로 그렇게 느끼는 것일 수 있다. 문제는 다른 사람이 자신을 무시했다고 해서 폭력성이 당연시될 수 없다는 것이다. 다른 사람에게 폭력을 휘두르는 사람들은 "그들이 자신을 화나게 했기 때문에" 화를 내는 것이 당연하다고 생각한다.

폭력으로 스스로 강하게 보이고 싶은 사람들은 물론 자기조절의 문제가 가장 크지만, 내적으로 그만큼 취약한 사람이라고도 할 수 있다. 화는 화를 낸다고 가라앉는 것이 아니라, 오히려 점점 커진다. 화를 내면 상대에게 상처가 되어 상대도 화가 나게 만드는 악순환이 계속된다.

건강할 사람일수록 신경에 거슬리거나 기분 나쁜 일이 있더라도 그것을 바로 자기와 연결시켜 부정적으로 받아들이지 않는다. 상사가 기분이 나빠 보여도 "무슨 기분 나쁜 일이 있나?"라고 생각해볼 수 있다. 그러나 피해의식이 있어 항상 자신이 피해자라고 생각하는 사람은 다른 사람의 행동을 객관적으로 또는 그 사람의 입장에서 생각해보지 못하고 자신과 연결지어 "내가 뭘 잘못했다고 나한테 화를 내나?"라는 식으로 생각한다. 자기 자신은 잘 지각하지 못하지만 상사에게 기분 나쁘게 대함으로써 상황이 더 나빠질 수 있다. 자신의 감정을 잘 표현하지 못하고 쌓다보면 분노와 화가 점점 싸이게 된다. 화를 잘 내는 사람일수록 자기가 화가 났다는 것을 모르고, 화를 내는 것이 나쁘다고 생각해서 참는 경우가 많다. 그러나 화는 참는다고 사라지지 않고, 화가 쌓이면 별거 아닌 일에 폭발하는 경우가 많다.

분노의 가장 큰 원인은 대개 부당한 대우를 받거나 무시당한다고 느끼기 때문이며, 따라서 화를 내는 것이 정당하다고 생각해서 공격적인 행동을 보이는 것이다. 이런 사람들은 "어떻게 해야 한다"는 식의 단정적인 표현과 생각을 하고 사고의 유연성도 떨어지기 때문에 조그만 지적을 받아도 화가 나거나 감정 조절이 잘 안 될 수 있다. 작은 지적도 자기를 무시하는 것이라고 생각하기 때문이다. ◆

4. 충동통제 장애의 자가치료

충동을 통제하는 문제는 넓게 생각하면 우리 일상사에서 너무나 흔히 부딪치는 문제다. 우울해지거나 기분이 안 좋은 경우 충동적으로 많은 물건을 사오거나 오락을 하는 데 오랜 시간을 소비할 수도 있다.

충동통제 장애에 속하는 문제들은 중독의 차원에서도 볼 수 있고 강박장애와도 흡사한 양상을 띤다. 이때 공통적으로 문제가 되는 것은 어떤 것을 하고 싶은 충동을 어떻게 참을 수 있는가다.

심리장애로 진단되는 경우와 아닌 경우는 어떻게 보면 작은 차이일 수도 있다. 문제가 심한 경우는 전문가에게 전문적인 치료를 받는 것이 좋다. 그러나 사실 치료를 받아야 할 당사자는 그다지 문제의식이 없는 경우도 많다. 이럴 때는 주변 사람들이 도움을 주어야 한다. 도움을 주고자 하는 사람이나,

충동통제 장애로 진단될 정도가 아니라 하더라도 자신에게 조절하고 싶은 문제가 있는 사람에게는 다음과 같은 방법이 도움이 된다.

첫째, 의지력에 호소한다. 가장 중요한 것은 자신의 의지력이다. 마음을 굳게 먹고 유혹에 넘어가지 않는 강인한 의지를 기른다.

둘째, 주변에 선언한다. "이제 하지 않겠다"고 주변 사람들에게 장담한다. 그리고 자신의 말을 지키기 위해 노력한다. 또 주변 사람들에게 자신이 충동적인 행동을 할 경우 말려달라고 한다.

셋째, 스스로 목표를 분명히 한다. 아주 끊을 것인지 아니면 스스로 어떤 한도 내에서 허용할 것인지를 결정한다. 인터넷, 쇼핑, 오락의 경우 스스로 즐길 수 있는 범위를 정한다. 화투나 카드 도박도 취미로 할 수 있는지 생각해보고, 끊을 것인지 어느 선까지는 허용할 것인지 결정한다.

넷째, 횟수를 스스로 체크한다. 스스로 자신의 행동을 체크하는 것도 효과가 있다. 되도록 기록을 하는 등 눈에 보이는 방법을 취한다.

다섯째, 자극이 될 만한 상황은 멀리한다. 충동을 통제하기 어려우면 그러한 상황은 아예 피하는 것이 좋다.

여섯째, 주변에 지지해줄 사람을 확보해둔다. 자신이 어려울 때 자신의 처지를 호소해도 될 사람을 확보해둔다. 비슷한 경험을 한 사람이라면 더 잘 이해해줄 것이다. 단도박 모임과 같은 치료적인 모임에 들어가는 것도 좋은 방법이다.

일곱째, 자신이 충동적인 행동을 했을 경우의 결과를 상상한다. 경찰에 잡혀가 수모를 당하는 것이나, 그로 인해 사회적으로 겪을 어려움을 상상해본다.

여덟째, 다른 일이나 취미활동을 찾는다. 스스로 기분을 바꿀 수 있는 일을 찾아서 관심을 다른 곳으로 돌린다.

아홉째, 처음의 결심을 실천하지 못해도 좌절하지 않고 다시 시작한다. 계획을 실천하지 못하고 충동적으로 행동하게 되면 자포자기해서 될 대로 되라는 식으로 다시 이전 행동방식으로 되돌아갈 수 있다. 한 번 실패하더라도 다시 결심해야 한다. 왜 어떤 상황에서 실패했는지 파악해서 같은 실패를 되풀이하지 않도록 하는 것이 중요하다.

열째, 건강한 생활을 하도록 노력한다. 스트레스를 받거나 좌절했을 때, 또는 우울하고 기분이 나쁠 때 충동적인 행동이 일어나기 쉽다. 일상에서 자신의 문제를 잘 파악하고 대처해 나갈 수 있는 생활을 하는 것이 중요하다.

열한째, 유혹을 거절하는 방법을 익힌다. 도박이나 오락은 자신이 끊으려 해도 주변에서 권하거나 유혹하는 경우가 있다. 이때 마음의 흔들림 없이 거절하고 거부할 수 있어야 한다. 따라서 평소에 자기표현이나 자기주장 연습을 해야 한다.

마지막으로, 혼자 끊을 수 없을 때는 전문가의 도움을 받는
다. 전문 상담기관이나 정신과 등 혼자 해결할 수 없는 문제를
도와주는 전문기관과 전문가들이 있다. ◆

5. 말 안 듣는 아이

적대적 반항장애나 품행장애 아동은 발달과정에서 일찍이 말을 안 듣고 문제를 일으키는 행동을 보인다. 자기조절과 충동통제는 성장하면서 자신의 요구를 해결하는 과정을 통해 배우게 된다. 어린아이는 돌이 지나면 스스로 몸을 움직이게 되고, 말과 행동으로 여러 가지 요구를 하게 된다. 아이들은 자기가 하고자 하는 일을 못하게 되면 떼를 쓰거나 공격적인 행동을 하기도 한다. 그러나 이때의 공격적인 행동은 남을 해칠 의도가 있는 것이 아니라 좌절감의 표현이다. 아이들은 자신의 욕구가 방해를 받으면 분노로 표현하는 것이다. 부모는 양육과정에서 아이들이 자기 욕구를 적절한 방법으로 표현하게 하고, 좌절할 때 자기를 조절할 수 있도록 도와주어야 한다. 부모는 아이가 공격적인 행동을 보이면 우선 화를 내거나 혼을 내게 된다. 그러면 아이는 자신이 이해받지 못했디고 느끼거나 억울하게 벌을 받았다고 느끼기 쉽다. 부모가 아이의 마음을 이해해서 아이의 좌절감에 적절히 반응해준다면, 아이는 공격성을 적절히 표현하고 통제하는 법을 배울 수 있다. 이를 위해 부모가 기억해야 하는 몇 가지 원칙은 다음과 같다.

첫째, 아이와 관계가 좋아야 한다. 아이들은 어릴수록 누구에게 어떤 말을 듣더라도 그 말이 옳다고 생각해서가 아니라 자기가 좋아하는 사람이 하는 말이라서 따른다. 평소 아이가 부모를 좋아하고 잘 따라야 부모의 말을 듣는다.

둘째, 아이에게 너무 높은 기대를 하지 않는다. 아이가 조금이라도 잘하면 칭찬을 해준다. 부적절한 행동에 대해서는 왜 그러면 안 되는지 설명해주고 상황에 맞는 규칙을 알려준다.

셋째, 아이의 부정적이고 반항적인 행동이 부모의 관심을 끌기 위해서인 경우가 있다. 이럴 때는 아이가 좋은 행동을 했을 때 많이 칭찬해주어 긍정적인 행동을 격려한다. 공격적인 행동에 관심을 주지 않는 것도 방법이다.

넷째, 아이와 현실적인 방법을 모색해본다. 아이를 무조건 혼내기보다 더 나은 행동이 무엇이 있나 아이 스스로 생각해볼 수 있도록 대화한다.

아이는 부모의 말보다 부모의 행동을 보고 배운다. 화를 내고 무섭게 혼을 내는 부모 밑에서 성장한 사람들은 화내는 게 나쁘다고 생각하면서 자기도 쉽게 화를 내거나 엄격한 행동을 보일 수 있다. 아이들이 문제행동을 보일 때 부모는 먼저 자기 자신이 욕구나 갈등 상황을 어떻게 해결하는지 되돌아볼 필요가 있다.

더욱이 전통적인 사회가 붕괴되면서 가족을 위시하여 사회 전체의 틀이 느슨해짐에 따라 개개인이 자기를 추스르는 문제는 큰 문제가 되고 있다. 복지가 발달한 국가에서 마약 중독자와 실직자가 늘어나고, 현대화된 사회에서 이유 없는 횡포한 범죄가 만연하고 있다. 충동통제 장애는 앞으로 더욱 심각한 문제가 될 것이다.

앞으로 다른 범주들이 충동통제 장애로 분류될 수도 있을 것이고, 분류 역시 더욱 체계화될 것이다. 많은 연구가 이루어지면서 충동통제 장애에 대한 이해가 깊어지고 치료도 더욱 발전하게 되리라 기대해본다. ◆

참고문헌

보건복지부, 대한의학회, 대한신경정신의학회(2013). 국가건강정보포털 의
    학정보: 아동기 품행장애. http://health.mw.go.kr/HealthInfoArea/
    HealthInfo/View. do?idx=3670에서 인출.

American Psychiatric Association (2013). *Diagnostic and Statistical
    Manual of Mental Disorders* (5th ed.). Arlington, VA: American
    Psychiatric Association.

Bagley, C., & Mallick, K. (2000). Prediction of sexual, emotional, and
    physical maltreatment and mental health outcomes in a longitudinal
    cohort of 290 adolescent women. *Child Maltreat, 5*(3), 218–226.

Benson, H., & Casey, A. (2011). *Stress management: Approaches to
    preventing and reducing stress.* Boston, MA: Harvard Medical
    School.

Bleuler, E. (1924). *Textbook of psychiatry.* New York: Macmillan.

Coccaro, E., Schmidt, C., Samuels, J., & Nestadt, G. (2004). Lifetime and
    1-month prevalence rates of intermittent explosive disorder in a
    community sample. *The Journal of Clinical Psychiatry, 65*(6),

820-824.

Dick, D., Li, T., Edenberg, H., Hesselbrock, V., Kramer, J., Kuperman, S., Porjesz, B., Bucholz, K., Goate, A., Nurnberger, J., & Foroud, T. (2004). A genome-wide screen for genes influencing conduct disorder. *Molecular Psychiatry, 9*, 81-86.

Esquirol, J. E. D. (1938). *Mental maladies: A treatise on insanity.* (E. K. Hunt, Trans.). Philadelphia, PA: Lea & Blanchard.

Frosch, J., & Wortis, B. S. (1954). A contribution of the nosology of the impulsive disorders. *American Journal of Psychiatry, 111*, 132-138.

Gabbard, G. O. (2005). *Psychodynamic psychiatry in clinical practice.* Washington, DC: American Psychiatric Press.

Gale, T. (1998). Impulse control disorders. Gale Encyclopedia of Childhood & Adolescence. Retrieved from http://www.healthline.com/galecontent/impulse-control-disorders

Grant, J. E., & Kim, S. W. (2007). Clinical characteristics and psychiatric comorbidity of pyromania. *Journal of Clinical Psychiatry, 68*, 1717-1722.

Grant, J. E., & Potenza, M. N. (Eds.) (2011). *The Oxford handbook of impulse control disorder.* New York: Oxford University Press.

Grant, J. E., Levine, L., Kim, D., & Potenza, M. N. (2005). Impulse control disorders in adult psychiatric inpatients. *American Journal of Psychiatry, 162*(11), 2184-2188.

Grant, J. E., Schreiber, L., & Odlang, B. L. (2011). Impulse control disorders: Updated review of clinical characteristics and pharmacological management. *Frontiers in Psychiatry, 2*, 1.

Hirsh, S., & Scheffield, R. (2006). Coping with the child's conduct behavior. *American Medical Association Journal of Ethics, 9*(10), 654-658.

Hollander, E., & Stein, D. J. (1995). Impulsivity and aggression. New York: John Wiley & Sons.

Kagan, J., Lapidus, D. R., & Moore, M. (1978). Infant antecedents of cognitive functioning: A longitudinal study. *Child Development, 49*(4), 1005-1023.

Kaplan, I. H., & Sadock, B. J. (1989). *Comprehensive textbook of psychiatry* (5th ed.). Baltimore, MD: Williams & Wilkins.

Kessler, R. C., Coccaro, E. F., Fava, M., Jaeger, S., Jin, R., & Walters, E. (2006). The prevalence and correlates of DSM-IV intermittent explosive disorder in the National Comorbidity Survey Replication. *Archives of General Psychiatry, 63*(6), 669-678.

Kohn, C. S., & Antonuccio, D. O. (2002). Treatment of kleptomania using cognitive and behavioral strategies. *Clinical Case Studies, 1,* 25-38.

Kraepelin, E. (1915). *Psychiatrie: Ein lehrbuch* (8th ed., Vol. 4). Leipzig: Barth.

Ladd, G. W. (2006). Peer rejection, aggressive or withdrawn behavior, and psychological maladjustment from ages 5 to 12: An examination of four predictive models. *Child Development, 77*(4), 822-846.

Lewis, N. D. C., & Yarnell, H. (1951). Pathological fire-setting (pyromania), Nervous & Mental Disease Monographs, *Monograph No. 82,* New York: Coolidge Foundation.

McCown, W. G., Johnson, J. L., & Shure, M. B. (1993). *The impulsive client: Theory, research, and treatment.* Washington, DC: American Psychological Association.

McElroy, S. L., Hudson, J. I., Pope, H. G., & Keck, P. E. (1991). Kleptomania: Clinical characteristics and associated psychopathology. *Psychological Medicine, 21*(1), 93-108.

Moeller, F. G., Barratt, E. S., Dougherty, D. M., Schmitz, J. M., & Swann, A. C. (2001). Psychiatric aspects of impulsivity. *The American Journal of Psychiatry, 158*(11), 1783-1793.

Navarick, D. J. (1982). Negative reinforcement and choice in humans. *Learning and Motivation, 13*(3), 361-377.

Navarick, D. J. (1986). Human impulsivity and choice: A challenge to traditional operant methodology. *The Psychological Record, 36*(3), 343-357.

Ng, W. K., & Mejia, J. (2011). Intrusive thoughts in a boy: A review of intermittent explosive disorder. *McMaster University Medical Journal, 8*(1), 77-79.

Olson, S. L., Bates, J. E., & Bayles, K. (1990). Early antecedents of childhood impulsivity: The role of parent-child interaction, cognitive competence, and temperament. *Journal of Abnormal Child Psychology, 18*, 317-334.

Robinson, L., Segal, R., Segal, J., & Smith, M. (2015). Relaxation techniques for stress relief. Retrieved from http://www.helpguide.org

Spitzer, R. L., Gibbson, M., Skodol, A. E., Williams, J. B., & First, M. B. (1994). *DSM-IV case book.* Washington, DC: American

Psychological Association.

Sutker, P. B., & Adams, H. E. (1993). *Comprehensive handbook of psychopathology* (2nd ed.). New York & London: Plenum Press.

Talbott, J. A., Hales, R. E., & Yudofsky, S. C. (1988). *The American psychiatric press textbook of psychiatry.* Washington, DC: American Psychiatric Press.

Vaughn, M. G., Fu, Q., DeLisi, M., Wright, J. P., Beaver, K. M., Perron, B. E., & Howard, M. O. (2010). Prevalence and correlates of fire-setting in the United States: Results from the National Epidemiological Survey on Alcohol and Related Conditions. *Comprehensive Psychiatry, 51*(3), 217-223.

Vinogradov, S., Dishotsky, N. I., Doty, A. K., & Tinklenberg, J. R. (1988). Patterns of behavior in adolescent rape. *American Journal of Orthopsychiatry, 58*(2), 179-186.

Virkkunen, M., De Jong, J., Bartko, J., & Linnolia, M. (1989). Psychobiological concomitants of history of suicide attempts among violent offenders and impulsive fire setters. *Archives of General Psychiatry, 46*, 604-606.

Wheaton, S. (2001). Personal accounts: Memoirs of a compulsive fire setter. *Psychiatric Services, 52*, 1035-1036.

현중수(2012. 9. 4.). 방화에 대한 관심이 필요하다. 평택자치신문.

찾아보기

《인 명》

《내 용》

◎ 저자 소개

도상금(Sang-Keum Doh)
서울대학교 심리학과 대학원에서 임상심리학 전공으로 박사학위를 받았다.
임상심리전문가이며 정신보건임상심리사다. 한양대학교병원 임상심리 인
턴과정을 수료하고 대학 상담소에서 일했으며, 정신분석 심리치료에 관심
을 갖고 임상현장에서 일하고 있다. 우울증, 심리적 외상, 심리치료에 관한
논문 등을 썼으며, 대학에 출강하고 있다.

박현주(Hyun-joo Park)
서울대학교 심리학과를 졸업하고 동 대학원에서 임상·상담심리학
전공으로 석사학위를 받았으며, 미국 미주리 대학교에서 상담심리학
전공으로 박사학위를 받았다. 현재 동국대학교 교육학과 교수로 재직
하고 있다.

ABNORMAL PSYCHOLOGY 18

충동통제 장애 참을 수 없는 어리석음
Impulse-Control Disorder

2016년 10월 25일 2판 1쇄 발행
2021년 03월 25일 2판 2쇄 발행

지은이 • 도상금 · 박현주
펴낸이 • 김진환
펴낸곳 • (주) **학지사**

04031 서울특별시 마포구 양화로 15길 20 마인드월드빌딩
대표전화 • 02)330-5114   팩스 • 02)324-2345
등록번호 • 제313-2006-000265호

홈페이지 • http://www.hakjisa.co.kr
페이스북 • https://www.facebook.com/hakjisa

ISBN 978-89-997-1018-3 94180
        978-89-997-1000-1(set)

정가 9,500원

이 도서의 국립중앙도서관 출판시도서목록(CIP)은 서지정보유통지원시
스템 홈페이지(http://seoji.nl.go.kr)와 국가자료공동목록시스템
(http://www.nl.go.kr/kolisnet)에서 이용하실 수 있습니다.
(CIP 제어번호: CIP2016024028)

출판 · 교육 · 미디어기업 **학지사**

간호보건의학출판 **학지사메디컬** www.hakjisamd.co.kr
심리검사연구소 **인싸이트** www.inpsyt.co.kr
학술논문서비스 **뉴논문** www.newnonmun.com
원격교육연수원 **카운피아** www.counpia.com